精神病院はいらない!

イタリア・バザーリア改革を達成させた愛弟子3人の証言

大熊一夫 編著

現代書館

まえがき

朝日新聞記者だった私は、一九七〇年、アルコール依存症を装って都内の私立精神病院にもぐりこみ、『ルポ・精神病棟』を連載した（三年後に同名の本を朝日新聞社から出版）。病棟の住民の最大関心事は「退院」だった。入院者のほぼすべてが、自分はいつ退院できるのかを知りたがった。同室のみんなから恐れられていた牢名主でさえ、回診のときには緊張で言葉が上ずった。幽閉生活は時々刻々が是屈辱。入院者たちは「現代の奴隷」としか言いようがなかった。しかし、私には奴隷たちを解放する知識も知恵もなかった。

『ルポ・精神病棟』から一五年もたって知ったのだが、ルポ連載から一年後の一九七一年、北イタリアのトリエステで精神病院を全廃する作戦が始まった。九年後の一九八〇年、精神病院は完全に機能を停止した。トリエステは世界で初めて精神病院のない町になった。〝解放作戦〟の最高指揮官は伝説の精神科医、故フランコ・バザーリアだった。

この本に登場する三代のトリエステ精神保健局長のロテッリ、デッラックア、メッツィーナは、バザーリアの下で活躍した直系の愛弟子、元トリエステ県代表の政治家ミケーレ・ザネッティはバザーリアを県立精神病院の院長に登用し、行財政面で支えた改革の同志。四人はつまり、WHO（世界保健機関）が「世界のモデル」と認定したトリエステ地域精神保健サービスの創設・実践・支援チームの最高責任者。本書はその当人たちが直接話法で語っているのだから、これは第一級史料というべきものだ。

四人の証言は、日本にはびこる牢屋型治療装置がとんでもなく時代後れなことを、私たちに教えてくれる。

精神病院はいらない！＊目次

第1章

バザーリア哲学を体現する3人の愛弟子

大熊一夫

フランコ・バザーリア（撮影 Claudio Erné）

Franco Basaglia

精神科医、イタリア精神保健改革の父。一九二四年ヴェネツイア生まれ。パドヴァ大学医学部学生時代、反ファシスト活動で投獄される。実存主義や現象学にのめり込み、学生時代のあだ名は「哲学者」。大学助手になるが生物学的精神医学に興味がわかず、教授に嫌われてゴリツィア県立精神病院長へ左遷、三七歳。ここからイタリアの改革が始まった。生涯唯一の師匠はサルトル。「精神病院が感謝の気持ちでいっぱいの奴隷たちの避難場所であってはならない」「患者の自由が医者からの贈り物であってはならない」という六〇年代の彼の表現は哲学との格闘で醸成された。一九八〇年、脳腫瘍で死去。妻フランカは社会学者で精神病院論の名著ゴッフマン『アサイラム』のイタリア語翻訳者。

世界に先駆けて「精神病院の文化」を克服

イタリア・トリエステ精神保健改革の最も独創的なところは、精神病院ときっぱり決別したことである。治療の名のもとに縛ったり閉じ込めたり薬漬けにしたりする風習を、世界に先駆けてやめたことである。奴隷や家畜のように扱われていた患者を、普通の市民に戻したことである。

この改革は、一九六一年に精神科医フランコ・バザーリアがゴリツィア県立精神病院の院長になったときに始まった。彼は他界するまでの一九年間に、旧来の精神医学を根底から覆す快挙を成し遂げた。

では、バザーリアが奮闘した時代、日本は何をしていたのか。

一九六〇年に、精神病棟の大増殖が始まった。

「精神病院は、地価の安い辺鄙なところに建てるのも自由です。精神科医でない医師でも精神病院の院長になれます。そこで働く医師の数は他科の三分の一、看護者は三分の二でもかまいません。もしそれを守れなくても罰しません。皆さん、医療金融公庫の低利融資を使って精神病院をジャンジャン建てましょう」

厚生省は、わかり易く言えば、こんな嘘みたいな政策を打ち出した。

その結果、どうなったのか。『日本精神神経学雑誌』一九七〇年一月号の学会声明をぜひ読んでほしい。「精神病院は牧畜業者」という故・武見太郎日本医師会長の名言を流布させた、あの長い論文風の声明だ。精神病院経営者が精神衛生法に定められた強権を乱用し、精神疾患の人々を食い物にした。入院者虐殺もあった。そんな刑事事件のてんこ盛りが、同学会広報担当（大学

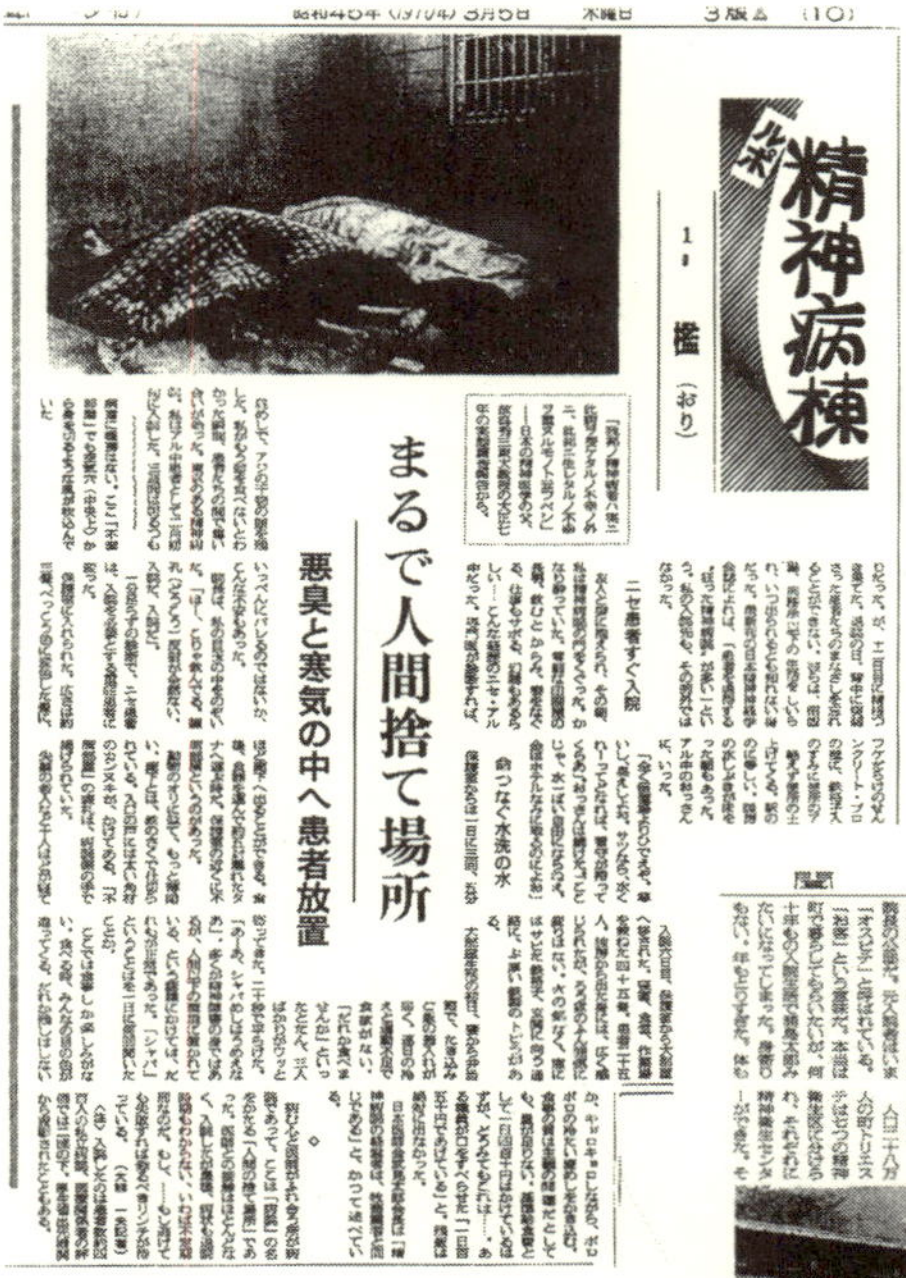
昭和45年（1970年）3月5日 木曜日 3版 （10）

ルポ 精神病棟

1 檻（おり）

まるで人間捨て場所

悪臭と寒気の中へ患者放置

ニセ患者すぐ入院

命つなぐ水洗の水

ルポ・精神病棟（『朝日新聞』夕刊
社会面連載、1970年3月5日）

1986年（昭和61年）11月11日 火曜日 14版 社会 （22）

外から日本をみると…

もう古い！ 精神病院

5

患者の自由、守ることこそ

旧病院を開放 入院禁止の伊

ロテッリ博士

もう古い！　精神病院（『朝日新聞』社会面連載、
1986年11月11日）

病院附属精神病院の副院長）の怒りの筆で克明に紹介された。

では今日、「牧畜業者」は消滅したのか。

殺されるような暴力は確かに減ったが、「治療」の名のもとに幽閉も拘束も独房隔離も薬漬けも、そして、空きベッドを出さないように入退院を調整する「ベッドコントロール」も相変わらずだ。「経営が第一、患者は第二」という人の道に反した原則は、日本の私立精神病院で、昔も今もほぼ例外なしに踏襲されている。


まえがきで書いたように、ジャーナリストの私は一九七〇年に都内の私立精神病院にアルコール依存症患者を装って入院したので、牧畜業者の存在は実感していた。にもかかわらず連載後の一五年間、「精神病院は不要だ」なんて夢にも思わなかった。地獄の病棟を天国の病棟に変えればいいと思っていた。精神病院は厭なところだけど「必要悪」なのだと勘違いしていた。精神病院を使わずとも重い精神疾患の人々を支えることができる、とは全く気が付かなかった。

一九八五年の秋、『自由こそ治療だ』（半田文穂訳、悠久書房刊のちに社会評論社刊）という翻訳書が出た。精神病院を完璧にやめたトリエステという都市を、スイスの女性ジャーナリストがルポしていた。

本当だろうか？

翌年一月、年休をとって精神科医四人とともにトリエステに確かめに行った。

精神病院は本当になかった。精神病院に替わる支援装置として、地域精神保健サービス網が敷かれていた。重い精神疾患の人々も、在宅で暮らしていた。（詳しくは拙著『精神病院を捨てたイタリア　捨てない日本』岩波書店刊参照。）

トリエステの町の全景

本人の苦悩や生活苦と対峙する

トリエステの改革は、一九七一年にバザーリアがトリエステ県立サン・ジョヴァンニ精神病院長に登用されると、一挙に開花した。

生殺与奪の権力をもつ精神科医と、精神科医のお託宣に振り回される無知・無能力な患者、という図式は有害無益だとバザーリアたちは考えた。権威の象徴である白衣を捨てた。患者と職員はファーストネームで呼び合う関係にした。電気ショックもやめた。患者の心身をねじ伏せる処置を極力回避した。

合言葉は「Deistituzionalizzazione」(「脱施設化」、私はあえて「脱精神病院化」・「脱収容所化」と意訳している)。ある数の患者を退院させると、それに見合う職員を街に出した。精神病院に代わる司令塔として地域精神保健センターをつくった。これは当初から二四時間オープン、三六五日休みなし！　診療の出前も厭わなかった。「病気の重い軽いは問いません。困ったらいつでも来てください」と市民に呼びかけた。

「病気」をとりあえず脇において、本人の苦悩や生活苦と対峙するのがトリエステ流だった。疾患の重い人が精神病棟のような特別な場所に厄介払いされることはない、と改革者たちは私に語った。

精神医療につきものの強制治療が全くないわけではないのだが、日本によくある、有無を言わせぬ拘束や幽閉の「怖い強制」とは明らかに違った。それは信頼関係と抱擁とスキンシップと説得と笑顔の「優しい強制」だった。「優しい強制」というものがあることを、私はトリエステで教えられた。

実践を下支えする新しい精神保健の法律（一八〇号法、別名バザーリア法）も、一九七八年五月にできた。

一、一八〇号法第一条は「病状確認と保健医療措置は自発的意思によるものとする」で始まる。診療では『当事者の自発性』が最も大事だ、というのである。
二、一八〇号法には日本の精神保健福祉法で強調されている「自傷他害の疑いで強制入院させることのできる精神科医の権限」がない。つまり精神科医は治安の責務から解放された。
三、一八〇号法で強制治療が消えたわけではないが極めてやりにくくなった。「怖い強制」に代わって「優しい強制」が登場した。
四、一八〇号法は、精神病院をやめる代わりに地域精神保健サービスを推進し、精神病院の人材をそっくり地域に移すよう促した。

五、一八〇号法には、日本のような、家族に保護責任を押し付ける表現がない。

かつて一二〇〇人もが幽閉されていたサン・ジョヴァンニ精神病院は、一九八〇年に機能を完全に停止した。これに代わるものとして、新医療法（一八〇号法と同じ一九七八年制定）に基づく地域精神保健サービス網が敷かれた。イタリア全土は約一六〇〇の保健区画に分けられて、それぞれに独立した地域保健公社が設けられた。公社は州の管理下に置かれた。トリエステには「ASS 1 Triestina」という公社ができて、公社の下の精神保健局がトリエステ県民約二五万の精神保健に関する全ニーズに応えるようになった。

【註：一九八〇年当時トリエステ以外の地域ではまだ旧来の県立精神病院が残っていたが、これも以後の一九年間で少しずつ機能を停止し、一九九九年三月に保健大臣は、イタリアの精神病院（最盛期は一二万人が収容されていた）が完全消滅したことを宣言した。】

目からウロコが落ちる、とはこのことだ。トリエステは、何百年も続いてきた精神病院の文化を打ち砕いた。「精神病院は社会に必要」という私の勝手な思い込みが、トリエステ初訪問の一九八六年から崩れ始めた。八六年、八七年で三度も通って観察するうちに、「精神病院という特殊病院などなくても精神疾患を支えられるのだ」と確信できるようになった。

フランコ・ロテッリ：知恵と機転と行動力のラディカリスト

バザーリアが首都ローマの改革のために、一九七九年トリエステを去る（翌年に脳腫瘍で他界）

ロテッリ（1986年、バザーリアのポスターを背景に）

と、後任の院長にフランコ・ロテッリが指名された。病院が完全消滅した後は精神保健局長になった。

一九八六年一月、トリエステを初訪問したときのロテッリの言葉は説得力満点だった。いささか長いのだが、今も私の胸に刻む大切な言葉だ。

「精神病院をなくして犯罪が増えたか？ 増えてはいない。病院をなくして患者を捨てたか？ 捨ててはいない。ＷＨＯも、トリエステはヨーロッパのどこよりもよくなったと認めている。北欧よりも、西独よりも、スイスよりも、イングランドよりも」

「旧来の精神病院で行なわれていた医学はニセものです。僕らは、病気は人間の存在そのものの中にあると考えている。そこで、病人の生活をこわすことのないように、そういうサービスづくりに努力してきた。病人が生きることのできる装置こそが必要です。いまある組織を超えて新しい組織をつくる。病人が健康な人と出会えて語り合える場をつくる。それが必要なのです」

「精神科医の精神医学的診断なんて、なくすに限ります。そんな診断より、患者の人生に価値をもたらすものをつくることが大切です。それには、患者をできるだけ自由にすること。自由な場に置くこと。トリエステは、それをやっている。患者は、医者のやることについて自由に議論ができる。それが臨床的なことより大切なのです」

「(改革は急すぎたのではないか、との私の質問に) いーや、他のヨーロッパ諸国をごらんなさい。徐々に変えようとしても大して変わっていないでしょ。ゆっくりやったらいいっていうものではない」

「(イタリアの精神医療の改革は失敗だった。犯罪が増え、患者の浮浪・ルンペン化が目立つ、と日本の一部の精神病院長たちが吹聴しているが……の質問にも) イタリアでも、『改革は失敗した』とふれまわる医者はいっぱいいる。彼らがそう言うのは当然です。医者にとっては、町に出て働くより病院にいるほうがずっと楽で収入も上がる。一方、病院を廃絶して医者が町の中で働くのは実に大変なことです。医者は病院にいれば、『ご主人様』であり『命令者』だ。町の精神保健センターでは、ご主人風を吹かしてはいられない。多くの人と議論をしなければならない。患者を説得しなければならない。だから、多くの医者は、実は本物の改革に乗り気ではない」

「一人ひとりの医者に、『あなたは患者の味方か？』とたずねたら、きっと九〇パーセントが『スィー』（Si、はい）と言うだろう。しかし、これらすべてが僕らの同志ではない。僕らは患者の家へ行く。ところが医者の多くは、患者の方から医者のもとへやってくるのを望んでいる。僕らの仕事は、患者に『薬を飲みなさい』『飲めばよくなる』というだけではこと足りない。家族に見捨てられた患者がいたらどうするか。医者の大半は、『それはオレの問題ではない』というだろう。僕らは違う。患者のために、別の生き方をみつける。職場をクビになった患者がいるとしよう。医者の大半は、『それもオレの仕事ではない』と逃げる。しかし、僕らは雇い主を説得する。『あなたが逆の立場だったとして、病気で解雇されたくはないでしょう』といって解雇を思いとどまらせる。僕らは新しい職場をつくる。患者たちと生活協同組合をつくる。改革を口にする医者はいっぱいいるが、言っていることの中身は違う。病院の主人であることと本当の医者であることとは、実は両立しない。患者を抑えつけるなんて実にたやすいことだが、僕には、それはできない。僕は医者でありたい」（『精神病院を捨てたイタリア 捨てない日本』）

監獄精神病院の〝無期囚〟を連れ出す

精神科医から、こんな自信にあふれた言葉を聞くのは、生まれて初めてだった。日本でロテッリに、「精神病院はいらない！」という講演をしてもらいたかった。

問題は招聘の費用をどう捻出するか。

当時、私はまだ朝日新聞に勤めていたのだが、一九八九年、「今辞めたら退職金を既定の二倍にする」という早期退職優遇の告示があった。宮仕えが嫌になっていた私は、すぐに手をあげた。その退職金があれば、なんとかなるのではないかと考えた。

週刊朝日時代の同僚の川村二郎が、アリタリア航空の広報部長と顔見知りだったのを思い出し、紹介を頼んだ。私は長い手紙を書いた。部長は後援を承諾してくれた。イタリア・日本往復のビジネスクラスの航空券を連れ合いの分も含めて二枚提供してくれた。

事はとんとん拍子に進んだ。精神保健に強い関心を寄せる朝日新聞社厚生文化事業団事務局長は、東京・大阪・博多の会場を確保してくれたうえに、会場費も負担してくれた。私は、国内交通費とホテル代と通訳代と、その他の雑費をもった。

こうして一九九〇年一月、念願のロテッリ講演会が実現した。

私の書斎の古いファイルの中を探したら、その時の講演を録音したカセットテープが見つかった。私は必死で文字に起こした。本書の第二章がその講演録である。これを読むと、トリエステの改革は、七〇年代から今日まで首尾一貫していることがわかる（『朝日ジャーナル』一九九〇年五月四日〜十一日合併号にも載っているが、これは縮小版）。

二〇一五年の秋にトリエステを訪ねたとき、ロテッリに「昔の講演録を本にするので、個人史を聞かせてほしい」と言ったら、「Wikipedia の Franco Rotelli を読むといい。詳しく書かれているから」という答えが返ってきた。日本語で検索すれば、日本語訳が読める。

彼を一言で表現するなら、脱施設化（Deistituzionalizzazione）の申し子。医学部を卒業して研修医になると、まずロンバルディア州カスティリオーネ・デッレ・スティビエーレの国立司法精神病院で働き始めた。法務省に掛け合って、幽閉されっぱなしの囚人患者を表に連れ出した。司法精神病院は、精神疾患の人が刑法を犯すと入れられる、いわば監獄精神病院だ。しかも裁判官が

「再犯の虞れあり」と判断すると収容期間が延長されるので、被収容者は〝無期囚〟と呼ばれる。この人々を娑婆に連れ出したのが半人前の若い医師だったので、業界はざわめいた。

一九七一年にバザーリアがトリエステの精神病院長に就任すると、トリエステに移って改革の先頭に立った。二〇〇七年に私は本を執筆するために、ロテッリからバザーリア像を詳しく聞いた。彼はバザーリアを心から敬愛しているものの、バザーリアを手放しで崇めるような発言を一切しなかった。七〇年代の彼は、恐らく、師を仰ぎ見ることを好まず、師に敢然と論争を吹っ掛ける生意気な若者だった、と想像できる。

トリエステ革命の総論はバザーリア、各論はロテッリと言われる。それはロテッリに、ラディカルな精神に裏打ちされた知恵と機転と表現力と統率力があったからだろう。精神保健センターの二四時間三六五日オープンも、看護師組合の説得も、病院の完全閉鎖も、いくつもの就労生協設立も彼のイニシアティーブでなされた、と言われている。

二〇一三年にフリウリ＝ヴェネツィア・ジュリア州議会議員に当選すると、保健・社会政策委員会委員長として、人口一二二万の同州内にあるすべての精神保健センターを、トリエステ流の二四時間オープン三六五日休みなしに導いた。

ペッペ・デッラックア：司法精神病院廃絶に人生かける万年青年

ロテッリの跡を継いでトリエステ精神保健局長になったのがジュゼッペ・デッラックアで、ロテッリはその上のトリエステ保健サービス公社（ASS 1 Triestina）の代表に昇格した。一九九五年のことだった。

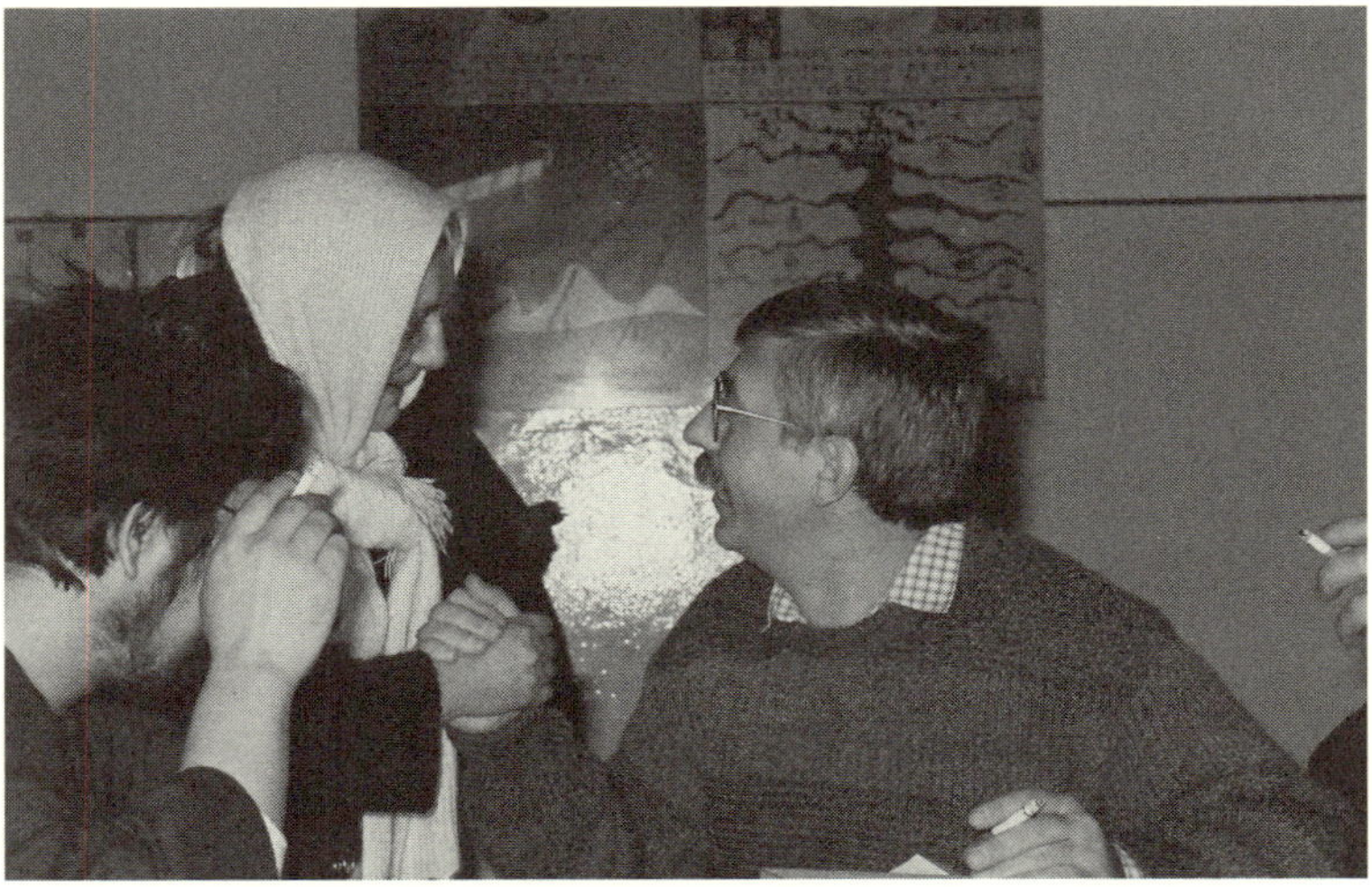

デッラックア（1986年、バルコーラ所長時代）

一九八六年の私の初訪問時、ペッペ（ジュゼッペの愛称）はバルコーラ精神保健センターの所長だった。トリエステ第一号の歴史的センターは、風光明媚な海辺に面した二階建ての屋敷が使われた。門柱に、さりげなく「Centro di Salute Mentale」（精神保健センター）の表札。街に溶け込んだたたずまい、隣は五つ星ホテル、市民が抵抗なく利用できる敷居の低さ、……日本のおどろおどろしい精神病院を知る私は、「何たる違い！」と感嘆の声をあげた。

その時のデッラックアの話も胸にグサッときた。

「精神保健で大事なのは精神病院に頼らないこと、小さな地区割りで地域サービスをやること。こうすれば精神科医も市民に近づけます。市民も恐怖感を抱かずに自由に出入りしてくれます。僕たちはウテンテ（イタリア語で利用者つまり患者のこと）の生活をまるごと世話します。昔の病院のように、医療だけ

かつての閉鎖病棟が幼稚園になっていた！（1986年）

院内中央にある院長邸がケア付きの住居に（1986年）

を切り離して行うようなことはしません。その拠点が精神保健センターなのです」

「昔は、サン・ジョヴァンニ病院は『狂った人たちの行く先』と市民に思われていた。不安と恐怖の目で見られていたあの神秘的な場所を、僕らは、なくした。かつての入院者が町に出てきたことで、市民の不安も恐れも消えた。もし、こうしたセンターのサービスがなかったら、市民の恐怖感なんて永遠に消えなかったでしょう」

「ここの医者と患者の関係にも注目してほしい。だれも僕のこと『ドットーレ（先生）』なんて呼ばないでしょ。デラックアさんともいわない。全員がファーストネームで呼んでくれる。ペッペ（ジュゼッペの愛称）とね」（『精神病院を捨てたイタリア 捨てない日本』）

僕に第三の道を与えてくれたバザーリア

バザーリアの思想や実践を継承する人々は、バザーリア派とかバザーリア主義者と呼ばれる。この人々がバザーリアに親近感や畏敬の念を抱くのは当然だが、デラックアのバザーリアに対する親愛の情は格別だ。そこでバザーリア派の仲間がつけたあだ名が「バザーリアの息子」。

「バザーリアは僕の人生を決めた人。教養にあふれた文化人で、せっかちで、目の前の現実をそのまま受け入れたくない、共犯者でありたくない、という思いから、すぐに改革しようという思いをいつも抱いていた。ゴリツィアの病院を見た時のバザーリアはまさにそうだった。

とにかく簡単に妥協せず、継続的な実践で思いを遂げようとした。こうした姿勢が、尋常ならざる実践につながっていくのです」

「彼は対立者をも取り込む能力を持っていました。自分のことも批判の俎上にのせることができる人でした。自分自身が施設化してしまう可能性を察知して自分を批判したのです。カリスマでしたね。僕ら六〇年世代は、何かを探し求めて彼のもとへ集まったのだけれど、我々の考えていた大きな社会変革の希望を、具体的な実践に結び付けてくれました。大学を出たばかりの僕らに対して、体制に同化して地位を築くのではない、理想主義に燃えて極左テロリストになるのでもない、第三の道を与えてくれた。僕らはバザーリアに出会えて本当に幸運でした」(『精神病院を捨てたイタリア 捨てない日本』)

第三章をお読みいただくとわかるが、デッラックアの発言はいつも青臭くて、それが彼の魅力になっている。

二〇一三年、精神保健局長を定年退職した後、司法精神病院の撲滅を唱えてイタリア全土三千キロを若い同志たちと車で廻り、「危険性というレッテルを貼って、拘禁しっぱなしにするのは間違いだ」「精神疾患があっても『罰を受ける権利』も『治療を受ける権利』もあるのだ」と訴えた。

その運動の最中の二〇一三年秋、私たち「一八〇人のＭａｔｔｏの会」の招きで日本講演が実現した。彼の講演やミニ講話で、日本側は、誰彼となくトリエステ精神保健の具体的なテクニックを聞き出そうとした。だが、彼は「トリエステでやっていることなんて単純なこと」と言って取り合わず、トリエステ精神保健の背景にある理念、つまり「この人々は物体ではなくて人間なのである」だの『なぜだ？』と問い続ける姿勢こそが大事」といった哲学を延々と述べ立てた。万年青年の面目躍如だった。

ロベルト・メッツィーナ：トリエステ精神保健を世界に広める外交官

デッラックアの跡を継いで二〇一四年に精神保健局長になったのがロベルト・メッツィーナだ。南イタリアのバーリ大学医学部を出て、医学研修生としてトリエステにやってきた。それが一八〇号法誕生の一九七八年だから、バザーリアとの直接の出会いは、数カ月だ。

ロテッリもデッラックアもメッツィーナも、研修医としてトリエステのバザーリアの下で研鑽を積んで、のちにバザーリアから一人前の精神科医として正式に採用された。

バザーリアは、「精神病院の流儀に染まった精神科医」つまり病院で患者を待ち受け、診断・投薬・拘束・幽閉といった旧来のやり方で患者に接する精神科医たちをハナから信用しなかった。医師の人件費の相当部分を奨学金に替えるよう県代表（日本の県知事みたいなもの）のミケーレ・ザネッティ（第六章のインタビュー参照）に掛け合った。こうすることで、基礎医学を学んだ医師のタマゴたちを地域精神保健サービスの現場で鍛え上げて、数年後に地域精神保健サービスのスペシャリストとして雇用した。

ロテッリ、デッラックア、メッツィーナが筋金入りの精神病院嫌いなのは、こうしたバザーリアの精神科医養成戦略と深い関係がある。ただし、メッツィーナは二人の先輩に比べると性格が丸くて、人当たりが柔らかい。トリエステワールドの外交官といった風情なのである。

メッツィーナ（2007年、バルコーラセンターにて。右は研修中のパレスチナの精神科医）

このバザーリア愛弟子三兄弟が先頭に立って築いてきたトリエステ地域精神保健サービス網に、熱い視線を送り続けてきたのがＷＨＯ（世界保健機関）だった。

ＷＨＯとトリエステ精神保健の交流は、一九七三年ころに始まった。バザーリアと県代表ザネッティは、ＷＨＯヨーロッパ支部のあるコペンハーゲンに足しげく通ったと、ザネッティは語る。

バルコーラ精神保健センターができる直前の一九七四年ころ、ＷＨＯはトリエステ精神保健を「実験モデル」と位置付けた。ロテッリたちは、「重い病状でも精神病院なしで支えるのは可能」という証拠を積み重ねていった。一九八七年、トリエステ精神保健局はＷＨＯの調査研修コラボレイティングセンターになった。トリエステ精神保健がＷＨＯから「持続可能な推奨モデル」と認められたのだ。

二〇〇八年、コラボレイティングセンター長にメッツィーナが就任した。

同センターはＷＨＯの組織の一部で、ヨーロッパには二〇ほどあり、トリエステはその一つだ。各センターは、特定のトピックに関する調査・研究を行う。トリエステのテーマは「脱施設化の普及」「コミュニティサービスの発展に関する研究と教育」「人権に基づくアプローチ」だ。

二〇一四年十一月にメッツィーナが来日したときに、雑談で以下のような話をしてくれた。

「トリエステに似た精神保健サービスシステムが、ブラジル・サントスの街、ドミニカ共和国、旧ユーゴスラビアの特にボスニアとコソボ、アルバニアで動き出した。医療と福祉の統合を模索するデンマークは、保健大臣がトリエステに最近やってきて『トリエステ・モデルをデンマークに活かしたい』と語った。

精神病院をなくしつつあるスウェーデンは、これまで何度も視察に来た。つい三日前にもチェコ共和国から、『新しい精神保健システムをつくるので、知識と経験で助けてくれ』と連絡が入った。

西ウェールズはトリエステ型二四時間オープンの精神保健センターをつくっているのだが、来日の一カ月前にも関係者がトリエステを視察した。

九八年以来トリエステは、パレスチナのヨルダン川西岸地区とガザ地区での精神保健サービスの構築に協力してきた。二〇〇八年にベツレヘムに行くと巨大な精神病院があった。これをどう縮小していくかを話し合った。

二〇一三年にはオーストラリアとニュージーランドの大学医学部で、精神科医を対象にした移動授業を行った」

という具合に、貧しい国も富める国もトリエステ・モデルに注目を寄せており、その国際的な窓口がメッツィーナなのである。

「なぜ精神病院ではダメなのですか」

二〇一〇年に来日したトリエステ関係者のマリアグラツィア・ジャンニケッダ（サッサリ大学教授）、トマーゾ・ロザーヴィオ（ローマ大学教授）、ジゼッラ・トリンカス（「精神保健改革実現のためのサルデーニャ協会」という名称の家族会会長）、二〇一三年のペッペ・デッラックアの講演会場で、「なぜ精神病院ではダメなのですか」といった質問が必ず出た。大事な問いなので二〇一四年、来日したメッツィーナにも同じ質問をして、丁寧に答えてもらった。

「精神病院への入院は、人それぞれの個性・主体性をどうしても奪ってしまう。システムとしてそうならざるを得ない。ドアが閉鎖されている、集団生活の規則で縛られる、人々の自由が奪われる……すると、人々のもつ力や、潜在的な可能性まで大幅に奪う恐れがでてくる。

病院では、病気にだけ焦点があてられる。本来ならトータルな人間として存在しているはずのものが、『患者』という限定的役割を負わされてしまう。それをバザーリアは『施設化(istituzionalizzazione)』と呼んだ。入院患者が施設の一部になる、つまりアービング・ゴッフマンのいうアサイラム（Asylums：監置施設）の人間になってしまう。

バザーリアだけではない。アメリカのジョーン・ストラウス、コートニー・ハーディングスといった人々が研究成果を報告しているように、統合失調症をはじめとする慢性化した精神疾患の症状のかなりの部分が、社会的につくられている。言葉を換えれば、統合失調症の顕在化には精神病院というものの存在が大きく寄与しているらしい。

ＷＨＯのパイロットスタディとして、ナイジェリアやインドのような貧しい地域での精神病の回復率と、先進国のヨーロッパの国々の回復率とを比較した研究があるが、貧しい地域では精神病の最初のエピソードのあと六〇％が完全に治癒しているし、再発もない。それに対してヨーロッパの国々の治癒率はかなり低い。

その、治るか治らないかの要因だが……、薬よりも社会的なネットワークが大きな決定要因になっているらしい。人間は社会的な動物です。精神障害、精神疾患も、ネガティブな意味でもポジティブな意味でも社会的な諸々のつながりが非常に大きく影響している。だから、回復も治癒も全く真空の場所で生じるわけではない。あくまで社会的なネットワークの中で、初めて意味のあるものになる。それを無視して、流し台の中に病気の瓶があるみたいに考えるのは間違いだ」

精神病院は可能性の地平を狭める

「そこで、精神病院だが、個性や主体性に気を配り、かつ、個人の複雑性に目を向けて仕事をしているような、そんな精神病院にお目にかかったことがない。

病院は、それぞれの人が回復していくために見つけなければならないはずのいろんな可能性の地平自体を狭めてしまう。

もちろん、人は生きていく中で、『もう無理』っていう状況になることがある。そのために一時的に休息する、一時的に避難する、そんな場所として『精神病院のような場所』が機能することはありうる。でもそれが精神病院である必要はない。そういう場所は、あくまで本人が入りたいときに入り、出たいときに出られるものでなければおかしい。本人の意志では出られなくて、えらく長くとどめ置かれる、というのは避難所でも休息場所でもない。

精神的に病んで、人生の中で社会の中で責任を担うことができなくなる、ああもう無理だっていうことが、人間には起きる。でも、そういうときに我々がするべきは『サポート』であって、社会的責任を本人から取り上げたり、『あなたはもう責任を取らなくていいですよ』と言ったりすることではない。

ところが精神病院は、まさに責任を全面的に取り上げてしまう。こうして本人が自分自身の人生の主人公でなくなってしまうのです」

今は対等な人間のチームワークの時代

ロテッリやデッラックアが「精神病院全盛の昔より、地域精神保健サービスの今のほうが安上がりなのだ」と私に語ったことも重大なので、メッツィーナにも最新情報を聞いた。

「昔は、サン・ジョヴァンニ病院に二〇以上の病棟があって、患者が千人以上もいて、医師や看護師など職員が五七〇人くらい働いていた。今は全員で二〇七人（医師二二人、心理士九人、ソーシャルワーカー九人、リハビリの専門職九人。それ以外がほぼ看護師で一五〇人）だ。これには社会協同組合とかのワーカーが入っていないので、それを合わせても二五〇人ぐらいだろう。だから人手は一九七一年頃の半分以下。それで一年間にフォローしている利用者の数が約五千人。

昔の半分以下のスタッフで、昔の五倍ぐらいの利用者に対応していることになるから、一〇倍くらい経済的だといえる。

特筆するべきは、看護師の養成システムが昔と全く違うこと。昔は精神科の看護職は教育を要求されなかった。今の一五〇人の専門看護師は大学の学士だ。昔の病院システムだと、医師がヒエラルキーのトップで看護職は雑用をやらされていた。今は対等な人間のチームワーク職場だ。だから、患者のエンパワメントだけではなくて、それぞれのスタッフ自体のエンパワメントもできるようになった。エンパワメントはボトムアップでしか達成できないものだ。

精神病院から地域に出るというのは、スタッフにとっても大きな変化だ。やることがたくさんあってしんどいけれど、よりやりがいのある満足度の高い仕事になる。精神病院の時代は、患者が反抗したらそれを抑えつけなきゃならない。そこにあるのは対立構造だ。それが地域に出ることによって、連帯構造に変わる。友達のような関係になる。だからスタッフの側にとっても非常に満足度が高くなる。これは、日本の精神病院で働いているスタッフに強いメッセージになると思う」

日本の反トリエステ勢力のよりどころ

しかし日本には、トリエステの良さを理解したくない人々が少なからずいる。この精神保健分野を牛耳る精神病院経営者や厚生労働省精神保健行政に携わる官僚に、その傾向が顕著である。最近、反トリエステ勢力が頼りにしている論文がある。

厚生労働科学研究費補助金（こころの健康科学研究事業）平成十九―二十一年度総合研究報告分

担研究報告書『精神医療の提供実態に関する国際比較研究』（分担研究者　佐々木一、研究協力者　佐竹直子）

この論文の【Ⅲ　脱施設化が失敗するパターンを分析する】の中の〈2．精神医療の消失〉に、トリエステに関連する以下の記述がある。

「イタリアでは有名なLaw180によって公立の単科精神科病院が閉鎖された。しかし必要な施設・社会資源・人員・財源・評価方法を欠く単なる『ガイドライン』であったため何もコミュニティーに資源ができず大混乱となった。退院させられた患者を追跡したところ一二％がホームレスになったという報告、対象者全例が消息不明となったという報告さえ存在する。司法精神病院と依存症治療病院は閉鎖の対象から漏れたが、それらの施設では病床削減により社会保安の責任がのしかかり、訓練の十分でないスタッフによる患者に対しての保安的な対応が普遍的に行われるようになった。日本ではイタリアの改革を理想化するレポートが数多く存在するが、国際的には常に批判の対象である。今回の研究でも海外の精神医療改革を推進する側の専門家の全員からイタリアに関して『家族に負担がかかりすぎている』『イタリア人はうまくいった点については誇らしげに話すが、問題点は表に出さない傾向がある』などといった手厳しい評価が聞かれた。ドイツの社会精神医学者は『今のイタリアの精神医療は悲惨な状況である。患者は精神科病棟に短期間しかとどまらず、そこでも低いレベルのケアしか受けていない。』と述べている。北イタリア・トリエステのみは成功とみなす者もいるが、ルクセンブルクの社会精神医学者は『トリエステの話は有名だが信用してはいけない。当時コミュニティー精神医療でコストカットしたというレポートに、各国政府が飛びついた。みな興味を引かれたのだ。しかし現実にはイタリアではホームレス、司法精神医療の問題が相次ぎ、精神医療はひどい状態になった。』と批判している。イタリアは国際比較研究にただ一国参加しない場合が多く、改革についての科学的な検証が行われていない。」

「日本ではイタリアの改革を理想化するレポートが数多く存在する」の部分では、理想化するレポートの例として、ジル・シュミット著／半田文穂訳の『自由こそ治療だ』と私の『精神病院を捨てたイタリア 捨てない日本』の二冊が論文の末尾に表示されている。

「理想化するレポート」という表現は、論文筆者・佐々木一さんのボキャ貧を嗤うしかない。私はトリエステを理想だと書いたことがない。日本より格段にマシと言っているだけだ。「理想」とは国語辞典によれば「考えうる最も完全なもの」。

そしてなにより、イタリア精神保健改革の大黒柱バザーリア自身が「トリエステ精神保健は完璧」と考えるどころか、「不可能なことだらけ」に終始当惑しながら前進していったことは、彼の言動を紐解けばわかる。デッラックアが語るバザーリア像の一端を紹介しよう。

「彼の姿勢の基本は『自問』です。精神医学とは？　精神病院とは？　精神病とは？　精神病患者とは？　狂人とは？……とね。それについて、答えが出ないことを知りつつ、自問し続けるのです。自問し続ける勇気がある人、それがバザーリアです。自問し続けて、それは代償を払うことになるのだけれど、とにかく決定的解決を求め続けるのです」

ただし、これだけは断言できる。トリエステで行われている「精神病院を使わない地域精神保健サービス」は、日本で普通に行われている牢屋型治療よりも、以下の点ではるかに優れている。

①街中の精神保健センターは二四時間いつでも対応してくれるから、症状の悪化や手遅れが起きにくい。

②精神保健センターは患者を見放さない。重い人を特別な病棟に追いやることをしない。「病気の重い軽いは関係ありません。困ったらいつでも連絡を」と市民に呼びかけている。

③縛る・閉じ込めるといったことで患者が怖い思いをすることを徹底して避ける。

④患者の人生へのダメージが少ない。家族が孤立感を募らせることもない。

⑤「社会的入院」という浦島太郎現象が起きない。

⑥精神病院経営者の「経営が一番、患者は二番」という不道徳な原則など昔も今もない。

⑦精神病院収容型より無駄な出費がないので国民の負担が軽い。

⑧「職員が主人で患者が召使」の関係は成立しない。つまり専門家と患者や家族は同じ地平に立っている。

自国の闇を棚にあげて他国をあげつらう

「佐々木論文」とは書いたものの、実は、論文とは言い難い致命的欠陥がある。

「海外の精神医療改革を推進する側の専門家の全員から」「ドイツの社会精神医学者は」「ルクセンブルクの社会精神医学者は」という表現がちりばめられているが、論文であれば「何年に、何という雑誌に公表された、何というタイトルの論文の何ページからの引用」かを示すのが最低限の作法である。主義主張も実績も詳らかにされていない人物の床屋談義のような話をつなぎ合わせた文章など、誰も学術論文とは認めないだろう。

「今回の研究でも海外の精神医療改革を推進する側の専門家の全員からイタリアに関して『家族に負担がかかりすぎている』『イタリア人はうまくいった点については誇らしげに話すが、問題点は表に出さない傾向がある』などといった手厳しい評価が聞かれた」

と佐々木さんは書くが、手厳しく評価されるべきは佐々木さん自身ではないのか。

イタリア精神保健を極めて高く評価している精神科医が世界各地に大勢存在するのを私は知っている。「海外の精神医療改革を推進する側の専門家の全員」から手厳しい評価が聞かれた、なんて、専門家の全員とは一体どこの国の誰のことか、名簿を拝見したいものだ。

「問題点は表に出さない傾向」が強い国の最右翼は、私の四五年以上の取材経験では、精神病院主義の日本である。国民の税金や社会保険で成り立っている公共サービスだというのに、精神病院のオーナー一族の収入がいくらなのか、精神病棟でどんな奴隷的扱いが横行しているのか、その「闇」について何の調査もなされていないではないか。

この論文の最もあざといところは、「厚生労働科学研究費補助金」という日本最高権威の公的研究費を何百万円も使っていることだ。単行本や雑誌で個人的意見を書くのは自由だが、国民の血税を使い、厚生労働省（以下、厚労省）のお墨付きを得て与太を飛ばすのは、国民を欺く行為ではないのか。

筆者の佐々木さんは日本精神科病院協会医療経済委員会委員で、精神科クリニックの経営者。

二年程前までは病院経営者でもあった。研究協力者の佐竹直子さんは国立精神神経医療研究センター病院の精神科医で、厚労省の精神障害・保健課が所管する「これからの精神保健医療福祉のあり方に関する検討会」のメンバーでもある。

こんな粗雑な研究計画や研究結果を評価する立場の大学教授や官僚の面々は自身の責任をどう考えているのだろうか。これでは、精神病院依存の日本精神保健が世界から嘲笑されるのも当たり前である。

品位に欠けることを書いてしまったので、口直しに、メッツィーナの真っ当な精神保健談義で締めくくる。

「バザーリアも言っています。人間は、人生のいろんな場面で危険な存在になることは誰にだってある、と。しかしそれは、その人が常に危険な人物であるということではなくて、いろんな状況によって危険になることもあれば、そうではなくなることもある。だから、危険でありうる人がそうではなくなるような状況をつくることが必要なのです。そのためには、その人の声を聞くということをシステマティックに行うことこそが重要だ、とバザーリアは言っています。

危険性はほぼ必ず恐怖と結びついています。一方、一般市民の側のスティグマも恐怖から出てくる。どっちの側も恐怖がベースになっている。だからこそ、信頼に基づく関係を創り上げて、どちら側の恐怖をも減殺していくことが重要なのです。

精神病院のような要塞みたいな施設を造れば造るほど、人々は『あそこにいる人たちは危険だ』と思ってしまう。

よく、スティグマ反対キャンペーンが精神医学の側からあるし、WHOも行うけれど、スティグマ反対のキャンペーンをしている本人たちがまさにスティグマを再生産する構造になっている。そもそも精神医療のシステム自体を変えないで、いくらスティグマ反対キャンペーンをやっても、自ずと限界があるでしょう」

バザーリア派を含めたイタリアの改革者たちは、「精神病院に入れるのは罪だ」とはっきり言う。そして「日本人は精神病院を閉めたいと本気で思っているのだろうか」とけげんな表情で私に聞くのである。二〇〇七年にデッラックアにも言われた。「過去三〇年間に日本からトリエステに約一二〇〇人が見学にやってきた。それで日本の精神保健はどう変わったのかね」と。

私は苦笑するしかなかった。

第2章

精神病院はいらない！

フランコ・ロテッリ
（1990年　東京）

フランコ・ロテッリ（1989年、トリエステにて）

Franco Rotelli

精神科医。フリウリ＝ヴェネツィア・ジュリア州議会議員、同議会保健・社会政策委員会委員長。

一九四二年、イタリアのクレモナ生まれ。パルマ大学卒。六九年ロンバルディアの司法精神病院に勤めヨーロッパ初の試みとして「司法精神病院の開放」を手がける。七一年、トリエステ県立サン・ジョヴァンニ精神病院に移る。八〇年、バザーリアの跡を継いでトリエステ精神保健局長、その上のトリエステ保健サービス公社代表に。トリエステ精神医療を舞台にしたＥＣパイロット事業の総監督、イタリア内外の地域精神保健のコンサルタントなど務める。

まずは病院のヒエラルキーを壊す

この地球上で、人間としての可能性を著しく奪われている人々、つまりまだ精神病院の中で暮らしている人たちの数は、百万人を大きく超えるでしょう。ソビエトまで入れるとその数は二百万人近くではないでしょうか。

一方、アメリカ合衆国のこの二五年くらいの様子を見ますと、最初は六〇万人ぐらいが病院の中にいましたが、現在では九万人くらいです。ところが、そのアメリカで外に出てきた患者の大部分が、道端に捨て置かれてしまった。

ここから、二つの問題が見えます。一つは病院そのものの問題、もう一つは町に出されたものの見捨てられた患者の問題。病院を開放するなら病院の代替策も考えないとダメ、つまり私たちは第三の道を考えるべきなのです。

イタリアは一〇年ほど前に、精神病院への入院を禁止する法律（一九七八年五月制定。一八〇号法ともバザーリア法とも呼ばれる）をつくったことで有名です。ただし、アメリカ的状況の地域もあるし、トリエステのような地域もある。アメリカは、いろいろなプロセスを経て徐々に精神病院が閉じられたのですが、その一番の動機は「経費節減」です。ではトリエステはどうか。

トリエステの最近の二〇年を見ると、前半の一〇年が病院内部での改革、後半の一〇年が病院の外での改革です。その前半でやったことは、精神病院内の規則の見直しや、精神病院を取り巻く環境や精神病院の文化の変革です。このようなプロセスを経ながら、千人ぐらいの入院者がいた精神病院が廃絶の方向に向かったのです。

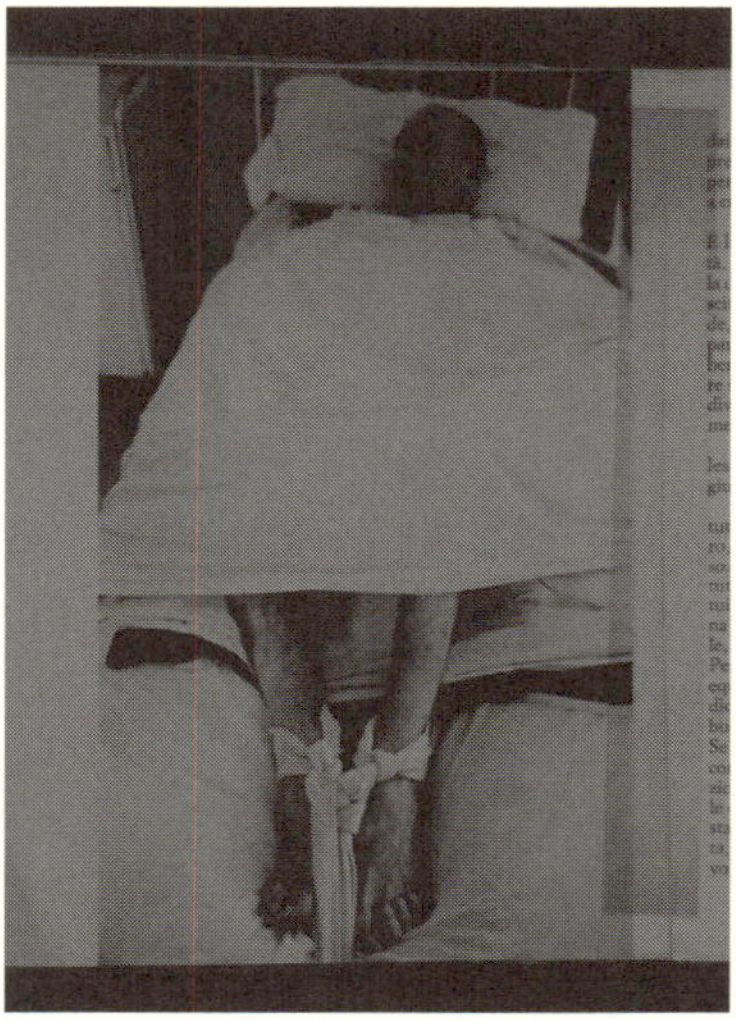

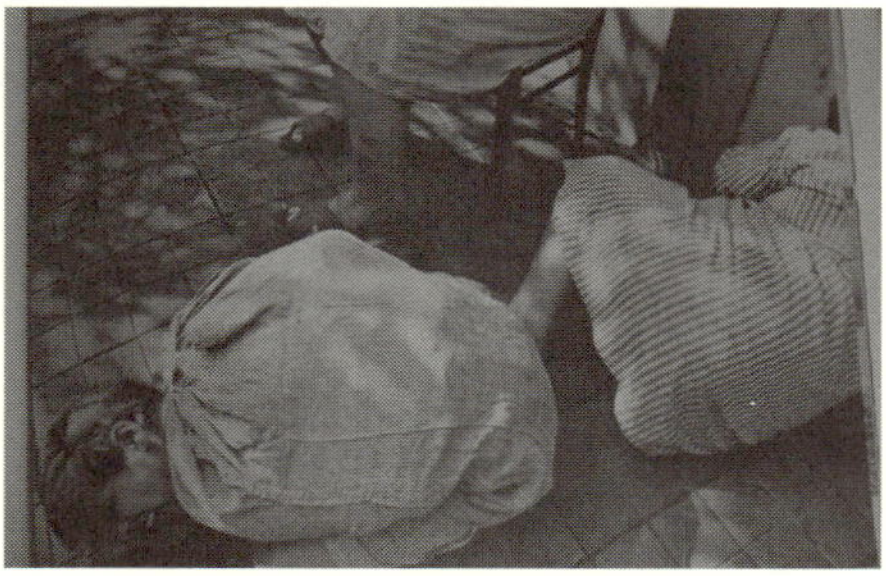

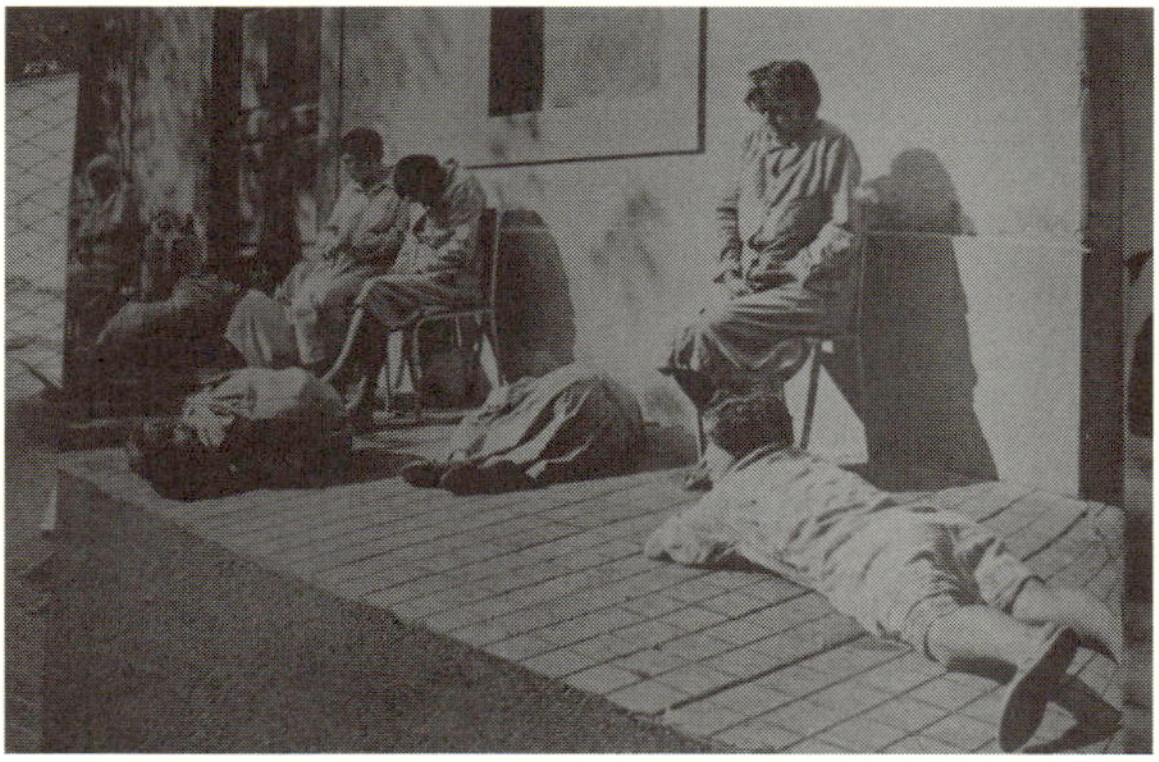

ロテッリが講演冒頭で紹介した1960年代末の入院風景（バザーリア夫妻が監修した1968年出版の写真集*MORIRE DI CLASSE*より）

伝統的な精神病院には規則がたくさんあります。それは患者の治療のためではなくて、閉じ込めておいて、その秩序を守るための規則です。病院には非常に強いヒエラルキーがあります。院長—医師—看護師の厳しい上下関係があって、その下が患者ですから、患者の力とか患者の権利はほとんどありません。一方、精神科医の力は万能です。

そこで、病院改革を目指す我々は、その仕組み全体を変えようと考えたわけです。病院改革で最重要なのは、患者たちが何を必要としているかを知ること、病院の中に暮らしていた患者たちの生活丸ごとを考えるということ、です。

奇妙な行動は環境から生まれる

例えば、病院の中では扉が開く時間が決まっていましたが、まずタイムテーブルを変えることから始めました。病院の中で患者同士、あるいは患者と医者のコミュニケーションがうまく図れるように考えました。あることを決定する場合には、病院長の指示をもらうのではなくて、話し合いや会議なりを開いてみんなで決める方式にしました。患者から出された批判や不満は大事なものとして受け止め、それを土台に話し合いが進められました。我々精神科医を含めての話ですが、とにかく患者さんと職員、あるいは職員同士が対等な関係になることを目指しました。

このような環境で仕事を続けますと、病院の中で見られた患者の奇妙な態度・行動といったものは、決して狂気の中から出てきたものではなくて、周りの環境から生まれたものなのだと、わかってきました。病院の中でも患者さんの精神的クライシスに遭遇するのですが、そのクライシスも、病院の機能がうまくいっていなかったために起こったのではないか、と考えました。

我々自体の考え方や我々を取り巻く文化を変えようとすると、病院の体制とか機能を変えなければならないことが、はっきりしてきます。患者同士あるいは患者とスタッフの衝突も顕在化します。これまでだと衝突は黙認や抑圧で対応したのが、衝突を土台に据えて話し合うという方向に変わりました。

このようにして病院の扉を開けていったのも上の命令ではない。みんなで話し合って決めた。だんだん成熟して、自然の流れとして扉を開けるということが起きた。でも、扉が開いたとしても一人では出られない患者もいる。すると周りの者が一緒になって手伝いながら出ていく。とにかく、いつでも出られる状態にしたことが大切なのです。これらの問題の核心は「人間関係」です。冷たい機械的な人間関係は良質な変化を生みません。

長期に病棟にとどめ置かれた患者は、洋服の着替え、フォークやナイフの使い方、洗顔などを、学習する必要もありました。予想したことではありますが、洋服を自分では着られないとか、一人で食べられないとか、こういった状況は病気のせいではなくて、長いこと病院に閉じ込められていたために起こったんだということが確認されました。

こうした病院の開放と同時に、我々は町の各地区の人々と患者の話し合いの機会をつくって、お互いの問題を出し合いました。有名な芸術家とか、あるいは音楽家たちを病院の中に呼んで大きな催しを開き、一般市民に院内に来てもらうとか病院の中を見てもらうとかの企画もたてました。

特に若い人たちに理解してもらいたいと思いました。彼らは柔軟で非常に理解力がありますから、公演も若者に照準を合わせました。こうして市民の精神病院のイメージ、Ｍａｔｔｏ（狂人）のイメージを変えていったのです。

張り子の馬マルコ・カヴァッロと共に街を行進（ⓒClaudio Erné, 1973年2月25日）

一九七三〜七四年はさまざまなことが行われた年なのですが、その中でも格別の出来事がありました。患者と有名芸術家たちが病院の中で大きな張り子の紙細工の馬（「マルコ・カヴァッロ」と呼ばれた）をつくって、その馬と一緒に街に出ていったのです。これは自由の象徴で、大きな馬でした。ブルーに塗られた大きな馬でした。ギリシャのトロイアの木馬みたいな感じで、三百人ないし四百人の患者を含む千人ほどが馬を先頭に練り歩きました。市内の大きなホールでは、市民と対話集会を開きました。

こうして一般市民も、少しずつですが、いわゆる狂人とはどういう人たちなのかを理解するようになりました。

病院から患者たちが家族のもとに帰るときは、病院のスタッフ、特に看護師を中心とした人たちが一緒でした。患者さんの家族自身、あるいは周りに住む人々に、患者さんはこういう人なんだ、こういう経歴なんだと説明しました。家に帰れば問題が出てくるケースもありますが、その時には我々が引き受ける態勢をつくりました。

就労生協でアイデンティティ確立

しかし長いこと病院にいて、出ていこうにも頼れる家族もいない、周りに支えてくれる親戚や知人もいない患者の場合は、いわゆる通常の町なかのアパートと同じようなものを病院内につくって、とりあえずは住んでもらいました。

自由な雰囲気の中でアパート暮らしができる様子を見た人々は、次第に我々の立場を理解してくれるようになりました。こうして大部分の患者たちが自分自身で生活できる力を再発見していったのです。

このようなプロセスを経ると、当然、必要な職員の数が減ります。患者が自分たちで生活できるようになったわけですから。その余った看護師が、患者の家で家族と話すといった活動ができるようになりました。

精神病院を見てみましょう。規模の大きい病院は特にそうなんでしょうが、台所関係の食事の世話とか、あるいは洗濯、日常生活にかかわるこまごまとしたことを患者にやらせていますが、その場合にほとんど給料が払われていない。しかし、我々はこれらの人々が何か仕事をした場合には、それに見合った報酬を払わなきゃいけないと考えました。行政と協力しながら、いわゆるコーペラティーバ、就労生活協同組合みたいなものをつくりました。

コーペラティーバは大きな力を発揮しました。一人の労働者として仕事に見合った報酬をもらうのは当然のことですから、そういう意味で患者さんのアイデンティティが確立した。

看護師の仕事は、コーペラティーバができて以来、さらに減りました。従来、彼女たちの仕事になっていたこまごました雑用的なことも、コーペラティーバの中で吸収されたのです。こうしたリハビリ活動といいますか、患者の能力を引き出す活動によって、患者たちは自分たちの能力を再発見し、さらに次の段階に進んでいけるようになりました。

患者が外でできる仕事の機会が広がると同時に、町の中に普通のアパートを借りて住むようになる。あるいはグループをつくってアパート住まいする。この外部の活動が盛んになったときに重要な役目を果たすのが、七つの精神保健センター（註：現在は四カ所）です。

ごく初期のセンターは昼間の一二時間だけでした。各センターには八床のベッドがあります。当時のトリエステは人口が三〇万人弱。住民四万人に一つのセンターです。それは四万人の誰もが精神保健が必要になったときに使えるセンターです。精神保健センターの重要性は次第に高まってきます。センターで働く医師や看護師やその他の職員は、その地区と密接につながります。地区の具体的な細かな問題、抱えている状況、その地区の出来事、人々の考え方、など全体の状況把握が非常に密になります。

このようにしてすぐ、一二時間オープンは二四時間休みなしになりました。一週間の七日間、毎日二四時間開いていて医師や看護師が対応できる状況になりました。

しかしながら、センターの創設で雇う職員の数が増えたわけではない。病院で働いていた人たちが外に出ただけです。こうして最終的には精神病院が必要でなくなった。もう一〇年ぐらい前（一九八〇年）から、トリエステには精神病院がないのです。

七つのセンターで働いている職員の数は、フルタイムの精神科医が二五名、看護師が二百五十

38頁の入院患者たちがトリエステ改革で以下のように変わった。上から、かばん製造販売、中心街にあるブティック、ビデオ撮影で、いずれもトリエステの就労生協。その職種30種以上（1986年）

数名ほどです。

先ほどセンターの中には八つのベッドがあると言いましたが、この八ベッドは急性期の患者のものです。しかし、トリエステでは急性期の患者数は非常に少ない。減ってきたのです。家がない人でも町のアパートに住む状況になって、やがて持続的な援助も必要がなくなってきました。

センターのすべてのスタッフの仕事は、その六割から七割ぐらいが患者の家で行われます。家で暮らしている患者を持続的に見る、いつも気を遣いながら見る、常にアフターケアを行う、ということです。

センターには、食堂がついているところもありまして、七、八十人の患者が食事（昼食と夕食）にやってきます。職員と、住民としての患者やその町の周りの人たちとのコミュニケーションが密になります。

一方、先ほど述べましたコーペラティーバ（就労生活協同組合）は、給料が払われる仕事を通して、患者さんのリハビリ活動、自分の能力を再び見出すという活動に専念します。木工、印刷、バーやレストランの経営、ペンションの経営、ビデオセンター、清掃事業、それから演劇センター、写真センター、八百屋から宝石店やかばん製造販売店、農業、温室づくり、美容院、ディスコ……とあります。患者の様々な可能性を引き出します。

市民と患者の病んだ関係を治す

これらの活動は自由な雰囲気、自由な場所で、行われます。このセンターとコーペラティーバの活躍によって、さらにきめ細かいネットワークづくりができます。重症患者、急性期の患者で

も、センターが受け皿になります。そういう人たちも、危機的な状況が去るまでセンターにいることができます
　同時に、患者家族との話し合いも折りにふれて行います。我々の抱えている状況をより多く家族の人たちに理解してもらうためです。バカンスを利用して山とか海とかに患者と家族が一緒に出かけたりすることもあります。

　ところが、これらセンターやコーペラティーバの活動の全ての経費というか、コストを考えますと、改革が行われる前の約半分で済んでいるのです。

　ご理解いただけたかと思いますが、我々のやっていることは、アメリカ合衆国のケースとかなり違います。

　この改革の精神を支えてきた一番のポイントは医師の意識の変革です。私たち医師は患者を管理するという考え方を捨てました。でも、患者を放りっぱなしにする考え方も捨てました。我々の仕事は、持続的に患者さんの面倒を見ること、リハビリ活動を助けること、患者のリハビリと同時に市民のリハビリも行うこと、我々と患者、我々と一般市民との関係を新たなものにしていくこと、なのです。

　以前の市民と患者の関係は「病んだ関係」でした。我々は、この病んだ関係を治すための改革をやってきました。我々医師たちは、コミュニティの中に入っていきました。この改革には政治や行政の協力も必要ですが、こうしてコミュニティの全体が少しずつ理解を深めていくことになります。

　これは単に純粋な精神医療改革ではなくて、社会あるいは社会の文化を含んだ大改革です。社会の中の様々なもの全体が、いきいきと活動を展開していくことでもあります。それはつまり、

社会の中で最も弱い立場にある人との関係を保っていくことでもあります。以前なら、その弱い人たちは切り捨てられました。ですが、我々は誰もが狂人になる可能性をもっているのです。他人を排除する社会は、誰もが排除される可能性のある「病んだ社会」というべきです。

このようにして、いわば新しい精神保健というものが生まれた。患者さんの人生丸ごと、生活全体を支える、という新しい精神保健が生まれた。この新しい精神保健では患者が主役、主体となります。彼ら一人ひとりの権利が保たれます。我々精神科医の仕事は、そうした患者のもっている権利を最大限に発揮させる、権利を行使させることです。

イタリア全体を見れば、すべてが今申し上げた通りとは言えません。一九七八年にできた新しい精神保健法（一八〇号法）は確かにすばらしいが、それがすべての地域で適用されているわけではない。しかし年々確実に、その法律の効果は出ています。理解のある町が増えています。我々がたどっていかなければいけない道は非常に長いし、険しいですが、少しずつ前進していきます。

我々が取り組むべきポイントは、政治家の意識、医師の意識、住民の意識を変えていくこと。政治家たちの中には、最初は否定的な反応をする人も当然いたわけですが、トリエステの例をはじめとして、様々なものを見て、考え方を変え始めた人も多く見られます。今はＷＨＯ（世界保健機関）も、「精神医療はコミュニティケアを中心に」と言います。

精神病院より地域ケアのほうが予後は良好

ＷＨＯが何年か前に、マンハイムというドイツの都市とトリエステで、百名の重症患者についての比較調査を五年間実施しました。マンハイムには近代的な精神病院があります。一方、トリエステは精神病院がありませんから、コミュニティケアだけです。結果は、五年後のトリエステのほうが重症患者がはるかに少ないことがわかりました。それは先ほど述べたような精神保健センターの活躍があったからです。

……………………

大熊　ここで一〇分間の休憩に入ります。皆さんからのご質問を、小さなメモで結構ですから、舞台の私のところに持ってきていただければと思います。（一〇分間休憩）

大熊　質問は四〇通ぐらい集まりました。これからロテッリさんがお話ししている最中に、私がまとめて、講演後に大事なポイントを伺うことにします。

ロテッリ　最初に予定していた時間よりも私がしゃべる分を少なくして、皆さんの質問に答える時間を多くしましょう。これまで述べてきたことを一言でいうなら、我々がやってきたことは、閉鎖された場所で行われてきたことを開かれた場所で行うようにした、ということです。我々がイメージしている精神保健の仕事はまだ始まったばかりです。重要なのは、精神科医自身の考え方です。患者を閉じ込めておかなければいけない、あるいは抑えておかなければいけないと思うのは勉強不足です。世界の最も弱い人たちを抑えつける、なんていうことはやめて、弱い人たちが抑えつけられている状況を、率先して告発するべきなのです。

しかし、精神保健の仕事は、医者だけががんばってもできるわけではない。社会の様々な分野の人たちが、それぞれの役割を果たさなければいけません。例えば、コミュニケーションの専門家であるジャーナリストの役割も非常に大きい。私は日本に講演にやってきましたが、それも大熊さんという優秀なジャーナリストの仕事を知っていたから来たわけです。

もちろんそれ以外に、様々な分野のアーティスト、芸術家、インテリたちの役割も重要です。私たちは、すべてのこうした人々、芸術家なりインテリなり詩人なりの協力を得ながら仕事を進めてきました。各国から集まってきた若い人たちの協力もありました。私は非常に感動したことなのですが、二人の日本人（註：精神科医の藤村敬二さんと臨床心理士の手林佳正さんと思われる）が、イタリア語はほとんどわからないままにトリエステにやってきて、手伝ってくれました。彼らは一日一〇時間ぐらい、先ほど言った精神医療センターの中で働いてくれています。そして、次第にコミュニケーションの方法も身につけていった。もちろんお金を稼ぐために来たわけではありません。

もう一つ私が強調しておきたいのは、我々のこうした努力に協力してもらうもう一つの側として、行政とか公共機関があります。精神病院だけですべてが解消された時代と比べてみれば、その重要性はおわかりかと思います。つまり、従来は単に排除された人々を一カ所にまとめれば済んだ。しかしこれは、大きく考えれば極めて非生産的と言えます。

精神病院と地域ケアの併設はダメ

日本という国は、年々精神病床が増えていると聞いておりますけれども、そうした状況はもうやめたほうがいい。しかし、アメリカのようなやり方でひっくり返したら、どうしようもない。ですから、具体的には精神科医と政治家と一般市民は協力しながら一緒に仕事を進めて、精神病院を廃絶する方向にもっていかなければいけない。つまり、一つのコミュニティ全体を変えていくという気概が必要なのです。そうしないと、ヨーロッパの北、北欧で行われているような状況になります。確かにそこではコミュニティケアというものが行われている。ですが、根本的問題は解決されていない。

北欧式のやり方ですと、コミュニティケアで比較的軽い人たちは治っていくでしょうが、重症患者は、また病院に戻される。このようなやり方ですと、経費ばかりがかかって、全体の状況はよくならない。

大事なのは、コミュニティが精神病院に患者を戻す形をとらないこと、コミュニティ全体で、お互いの関係を模索しながら、互いを尊重していくことです。

重症患者こそ、我々が真剣に取り組むべき対象です。そのためには、政治家の役割は非常に大きい。重症患者を支えるための予算を決めるのは政治家です。重い人を精神病院に帰すという悪循環を断ち切れる力をもつ人、その筆頭は政治家だと思います。

精神科医自身のやるべき仕事も、たくさんあります。精神科医が精神病の病理・生物学的な病理だけを対象にしてやっていたらダメです。心理学の立場から、というのもダメです。精神病を社会的な問題ととらえるだけでもダメです。精神病は、複合的な、多くのことが絡み合った問題、ととらえるべきものです。

物事を単純化して考えると、事態は悪くなります。精神病院は、問題を単純化して解決しようとした産物です。多くのことが絡み合った複合的問題とは、例えば、患者の抱えている経済状況とか、他人との関係とか、家族との関係とか、職場環境とか、各自の人生のビジョンとか、です。精神科医は、今述べてきたようなすべてを考慮しなければなりません。こうした複雑な相対的な人間関係というものに精神科医は入りこまなければならないのです。これこそが生産的な仕事です。患者自身の能力を再生産するという意味で生産的仕事なのです。

では、私の話はここで終えて、皆さんと対話しましょう。

良い地域ケアは「危険性」を低める

大熊　ありがとうございました。さて、四〇通ほどの質問を私なりに整頓して、いくつかにくくって質問をする形にします。

まず一つ。確かにトリエステのやり方はうまくいってそうな感じではある。だけど、例えば幻覚妄想などの人もいるはずである。著しい場合はそれが殺人行為に及ぶこともありうる。それをどのようにコントロールしているのだろうか、というご質問です。

ロテッリ　今、世界の精神科医の多くは、本人に対する危険性ではなくて、「社会全体に与える危険性」という方向でとらえていると思います。

アメリカの司法精神病院の一〇年間ぐらいの軌跡をたどった研究があります。七百人ぐらいの患者が司法精神病院から外に出てきた。しかし、この七百人の犯罪率は非常に低かった。

違う例を挙げます。イタリアでは一五年前には一二万人が精神病院の中にいた。一九九〇年の今現在では二万五千人です。この一五年間、犯罪率は、ほとんど変わっていない。精神病の人が犯罪を犯した場合には、司法精神病院に送られます。一般の精神病院で一二万人が二万五千人に減ったのに、司法精神病院の千人は変わらない。ということは、精神病者の犯罪が増えたわけではないということです。

いわゆる狂気の状態で行われた犯罪というのは存在すると思います。しかし、我々の経験によれば、こうした状況が起きたのは、むしろ精神病院があった時代です。現在のイタリアでは精神病院には誰も入れない、入院禁止です。我々のやり方でコミュニティケアを実践していますと、急性期の患者も周りから見守られていますので、異変が以前に比べてはるかに容易に発見できます。結論的に言えば、私は精神病の危険性というのは通常考えられているよりはるかに低いものだと考えています。ですから、その危険性自体は、本来の病気から引き起こされたものではないと言えると思います。

大熊　では次。暴れる患者さんを入院させる設備はあるのですか。これは大熊が答えます。暴れる患者用の特別な収容施設、つまり精神病院の保護室のようなものはトリエステにはありません。先ほども申し上げたように、各センターの八つのベッドと総合病院の六ベッドは完全開放型ですし、それ以外に何も機能しておりません。

では次。患者さんが町に出て住民との衝突があったはずですが、具体的にどういう種類のものがあるのか、というのが三通ぐらいあります。

私たちは住民との衝突を歓迎します

ロテッリ　ある文化なり考え方、社会の様子というのが変わっていくときには必ず衝突があると思います。しかし、この衝突自体は非常に利用価値があります。我々のケースの場合にも、電話で様々な小さなことについて抗議がありました。特に初期の話ですが、裁判所は私たちの仕事に必ずしも理解を示しているとは言えませんで、何か小さなことが起きた場合にも、みんな我々のところに言ってきた。町で何か起これば、すべて我々の責任だと言われた時期もありました。

しかし、こうしたことも我々にとっては有益でした。それを材料にしていろいろな話し合いができました。裁判所の判事も、こうした話し合いの場を知ってより多くのことを理解したと思います。いろいろな人々がバールや広場に集まって、あるいは電車の中で、こうした問題を議論するようになった。中には我々に腹を立てる人々ももちろんいた。しかし、それすら我々は歓迎です。人が何も怒らなければ議論は始まりません。腹を立ててその問題について話し合えば、問題は一〇倍ぐらい早く理解できます。だから、それを恐れる必要はない。それどころか、我々が改革を進めていくプロセスの中では、衝突を大いに利用すべきです。何世紀も前から続いてきた偏見は、問題を積極的にとらえては議論することで、解決できるのです。

司法精神病院は廃絶すべきだ

大熊　質問です。イタリアの保安処分施設、司法精神病院はあってもいいのですか。

ロッテッリ　もちろん私はいい制度だとは思っていない。しかし、それが存在する背景は複雑です。世界中そうですが、精神病と判断無能力を機械的に結びつける傾向があります。

私は大学を出て精神科医として歩み出して最初に司法精神病院で百人の患者を相手に働きました。確かに重罪を犯した人たちでした。その人たちは罪を犯した瞬間は、確かに判断能力を失っていたかもしれない。しかし彼らのほぼ全員が自分のやったことは何だったかをわかっていました。百人のうち、覚えていないという人はたった一人でした。動機を聞くと、おかしなものもあるのですが、とにかく動機は動機。自分の行為を認識する能力はあるのです。多くの国の司法当局者は、精神病の人は判断能力がないと考えがちです。しかし、私の経験では、大部分は自分のやったことをきちんと理解しています。動機はちょっと奇妙でも、です。

能力なしときめつけることは全人格を否定することです。私は、ある人間の全人格を否定するようなことはするべきではないと思っています。もしそうしたら、その人間は人間でなくなってしまいます。

司法当局は機械的な見方をせず、刑事責任と精神病治療を分けて考えるべきです。犯罪者は刑務所に入るべきだし、それとは別に精神科の治療が必要なら治療を受けるべきです。司法精神病院はなくさなければならないと思っています。

大熊　いい質問はまだいくつもあるんですが、時間が来ましたので、残念ながら終わらせていただきます。皆さま、ありがとうございました。

遠路はるばるイタリアから来ていただくには曲折がありました。アリタリア航空に長い手紙を書いたり、朝日新聞社厚生文化事業団にお願いしたり、と私もいろいろ奔走して、ついに本日を迎えることができました。

ドットーレ・ロテッリ、ありがとうございました。グラツィエ・タント、グラツィエ・ミッレ。最後に、非常に難しい話を通訳してくださった一ノ瀬俊和さんに改めて御礼申し上げます。ありがとうございました。

第3章

司法精神病院もいらない！

ペッペ・デッラックア
（2013年　東京・大阪）

ペッペ・デッラックア（2013年来日時）

Giuseppe Dell'Acqua

精神科医。南イタリア・サレルノ大学の医学生時代にフランコ・バザーリアの精神保健改革運動に共鳴し、一九七一年からトリエステ県立サン・ジョヴァンニ病院で研修医として働き始める。一八年間トリエステ精神保健局長を務めて、二〇一三年に引退。司法精神病院（犯罪を犯した精神疾患の人が収容される法務省管轄の精神病院。イタリアに六カ所あって約一二〇〇人を収容）をなくす運動に今も尽力。この来日直前にも「青い馬マルコ・キャンペーン」と銘打って、一三日間に六つの司法病院のある町など一六都市を回る三千キロもの旅をこなした。司法精神病院の克服には地域精神保健サービスの充実を、が持論。

発言者
マリア＝グラツィア・コリアティ・デッツァ（精神科医、トリエステ市議、ペッペの伴侶）
大熊一夫（ジャーナリスト、一八〇人のＭａｔｔｏの会代表）
伊藤順一郎（精神科医、一八〇人のＭａｔｔｏの会副代表）
竹端　寛（山梨学院大学准教授、大阪会場司会）
松島　健（イタリア語通訳、広島大学准教授、文化人類学）

【以下は東京会場のもの】

【当初、このイヴェントは「イタリア精神保健改革をもっと深く知ろう」と題して、ペッペ・デッラックア、大熊一夫、伊藤順一郎の鼎談を予定していた。しかしお説拝聴会になってしまった。冒頭に映画『むかしＭａｔｔｏの町があった』の三分ダイジェスト版が上映されて、映画誕生の裏話から始まった。】

精神病院閉鎖は対立を生む出来事

ペッペ　なぜイタリアの国営放送が、この映画をつくることを決めたのか。答えは簡単です。二〇〇八年というのは、精神医療改革の法律一八〇号ができて三十周年という年で、国営放送が記念番組をつくるのは自然なことだった。

しかし事はそう単純でもなかった。扱われている問題は精神保健です。これがどれぐらい反響を呼ぶかについて、テレビのプロデューサーは非常に懐疑的だった。

問題はデリケートです。公の放送で語ると、常にそれに対するリアクションもある。サッカーとは違うので、全員がバザーリアのサポーターというわけではない。精神病院を閉鎖する過程がテーマですが、この映画を観たからといって、その人たちが精神病院の閉鎖に同意しているということを意味するわけではない。

たとえ精神病院が閉鎖されたとしても、それぞれの人が、精神障害、精神疾患に対して、自分なりのイメージ、解釈というのをもっている部分は、そのまま残る。でも、この映画は、他者を認め肯定する可能性というものを示しているとは思います。監督、特に脚本家が、バザーリアの本などをよく読み込んで、思想的なバックグラウンドなども理解した。とはいえ、脚本家や監督もいろいろ偏見をもっていた。その偏見について一緒に議論するということが、私の役割になった。そうした議論が映画の中に反映されているわけです。

扉の向こうには「物」があった

伊藤　話は変わりますが、精神病院全盛の時代と、地域で暮らせるようになった時代とで、患者さんの暮らしはどう変わったのでしょうか。

ペッペ　簡単に答えられる質問ではないから、別の言い方で答えます。以前はよくなかったけれども、今はいいと言うのは簡単だけれども、そう単純ではありません。

昨日、千葉県市川市のK病院の精神科病棟を見学したのだけれども、そこに入ったときに、まさに四〇年前に自分がトリエステの精神病院に初めて入ったときのことを思い出した。同時に、五〇年前にバザーリアがゴリツィアの精神病院に入ったときのことにも、思いをはせました。時代が離れた、この三つの精神病院に入る瞬間の経験ですけれども、そこに違いはないと思います。

例えば一九六一年、ゴリツィアの精神病院に初めてフランコ・バザーリアが入ったときのことが、この映画の中に描かれています。そのときにバザーリアは何を見たか。おそらく閉まりっぱなしの扉を見た。あるいは、看護師が常に鍵を持ち歩いていて、頻繁にそれを開け閉めしている様子を見た。あるいは、隔離室の様子を見た。あるいは、ベッドに拘束される人々の姿を見たでしょう。

でも、今日でも全く同じようなシーンを我々は目の当たりにするわけです。

当時のゴリツィアの精神病院には四百人が収容されていた。そこに足を踏み入れたバザーリアを驚かしたものは、そこに「人間」がいなかったということ。そこで、バザーリアの苦痛に満ちた問いは、本当にこの人々は理解不能な人たちなのか、この人たちは治癒不可能な人たちなのか、自分に問うたわけです。

理解することができるかどうかということが、バザーリアにとって、非常に大きな問題だった。閉鎖された扉の向こう側。つまり、自分が精神科医として鍵を持って、そこを閉めることができる権力を持っている。そのときに、その扉の向こう側には、市民としての人間はいなかった。その閉じられた扉の向こうの、ベッドの上に拘束された人たちには、人間としての尊厳というものがなかった。市民としての人間というものが存在しなかった。

こうした閉じた扉の向こう側にいる存在は、被収容者であって、個人あるいは一人の主体として存在しているわけではなかった。このことを理解して初めて、扉を閉じるのではなくて、開くという選択が生まれる。その扉を開けることによって、そこに市民としての人間が立ち現れる。そうしたときに、その人間としてのニーズや権利というものについて、初めて考えることになる。従って、そこから必然的に、その人たちの権利を問題にするという政治が生まれてくる。あるいは、彼らのニーズというものに対して、対応するという仕事が生まれる。例えば、家族、住むところ、仕事場などのニーズです。

こうして扉が開かれて出会うのは、尊厳をもった人間であって、先ほどの映画のシーンであったような、空っぽの心をもった、何か人間でない存在、ではない。そこで初めて、尊厳というものに出会う。尊厳があるということは、その人には近づけないリングがあるということです。尊厳をもった人間と付き合う、つまり、そこにあるのは固有性をもった個人、名前、生きてきた歴史です。その生きてきた歴史は語ることができるので、それに耳を傾けることもできる。そうして初めて、出会うということが起こりうるわけです。

病気であるということを脇に置く

ただ、そこで問題が終わるわけではない。つまり、扉を開くということは、文字どおり扉を開くということであると同時に、比喩的な意味でも扉を開くわけです。しかし、それを開いたとしても、まだそこには精神疾患、精神障害についてのさまざまな偏見というものが変わらずにある。

それでは、どうするか。

我々が出会うのは、統合失調症者のジョヴァンニにではなくて、あくまでジョヴァンニに出会うわけです。そのジョヴァンニは、彼の人生の中でいろいろ苦しい経験をした人かもしれないけれど、それは統合失調症者ではなくて、あくまでも一人のジョヴァンニです。そういう形で、病気であるということを脇に置く。

ここまでが、伊藤さんの質問に対する答えの前置きです。でも、この前置きをお聞きになった皆さんは、何が変わったのかということについて、すでに答えを持っているはずです。

皆さんのお手元のパンフレットにある、トリエステ精神保健地図（第四章九九頁参照）ですけれども、つまり、何が変わったかというのは、この絵のとおり。これが変わったということです。つまり、この絵の中、あるいは周りにいるのは、人間であり、市民である。彼ら、彼女らは誰もが同じように、問題を抱えているし、いろいろな苦労があるだろうし、あるいは不幸であるかもしれないけれども、そういう人間であり、市民であるという人がいるということです。

大熊　少し具体的な話に移りたいと思います。精神病院を廃止して地域精神保健サービスにすると、それは今までより高くつくのだ、と日本の精神保健関係者の多くが思っている。しかし、ペッペさんに取材すると、実は、精神病院全盛時代より三七％安くなった。これは貨幣価値を補正しての話です。もちろん、病院時代はホテルコストといいますか、ベッド代と食事代も含まれての話です。

昨日も伊藤さんと話したのですが、東京で、小さなアパート一部屋だと五万円くらい。外来に通ったとしても、医療費はせいぜい一万五千円くらい。食事だって、そう贅沢しなければ数万円です。今、日本の精神病院のベッドのスタンダードだと、一か月三五万円くらいのコストがかかっているわけです。

このコストは、我々日本国民が社会保険や税金で負担していると考えていい。どうやら日本人は、高くて内容の悪い精神保健を買わされているのではないかと、私は、ずっと思い続けているのです。

ペッペ　できるだけ具体的に、お答えしましょう。ただ、先ほどまで私が言ったような、ある意味、具体的ではない話が、具体的な話の背後にあるということは、きちんと心に留めて、これからの話を聞いていただきたいと思います。

まず、お金や病床数などの数字の話に入っていきます。現在、日本の人口一億二千万から一億三千万です。その人口に対して、精神科の入院患者数が三五万人。イタリアの人口は日本の半分ぐらいなので、普通に考えると、イタリアで精神科の入院者数は、一七万～一八万ぐらいいて、おかしくない。ところが、イタリアには精神病院の病床というのはない。簡単にいうと、この一八万床分のコストがカットされているということです。もちろんこれは、精神病院のベッドの話です。

カネは病床にではなく個人に使え

私は、トリエステのサン・ジョヴァンニ精神病院があった時代から働いていますが、そのときには病床数一二〇〇だった。それに対して、今日のトリエステでは、センターだの総合病院だののケア付き住宅だのの精神科と思しきベッドをかき集めても、最大で九〇床です。もちろんその九〇は、精神病院がなくなったので、精神病院以外のところにある。ただし、病院の中にあったベッドが持っていた機能とは、全く違う機能を地域の中で担っている。

具体的に言うと、緊急の場合のものとして、総合病院の中に六つのベッドがあります。四つの地域にそれぞれ精神保健センターがあり、センターはトータルで二八ベッドです。それは、休息あるいは、危機の場合に使います。町の中のケア付きの居住施設のベッドが六〇ぐらいです。

現在、精神医療の予算の九四％が、地域で使われている。残りの六％が総合病院の中の六つのベッドにかかるコストです。精神病院があった時代の精神医療の年間トータルコストが、今のユーロの価値に換算して五五〇〇万ユーロ。それに対して、現在のこの地域でのサービスだと二〇〇〇万ユーロ、半分以下ということになります。

病院の時代は、このお金は、病床に対して使われるわけですけれども、今の地域で使われる予算（昔の約半分）というのは、それぞれの人に対して、直接使われる。ここが重要です。つまり、個々人のニーズや状況に合ったプログラムをつくり、それに対して直接お金を使っているのです。それは、慢性化した患者さんや、非常に重篤な患者さんに対しても全く同様に、今この瞬間から、その気になれば、そういうお金の使い方をできるはずのお金です。

先ほど言われた、日本で使われているお金の使い方の問題に戻ります。昨日K病院の精神科を訪問しました。そこに児童の精神科病棟がありました。そこにベッドが四五床あって、聞くと、それぞれの子どもたちの平均入院日数は、二百日だという。

案内してくれた精神科医が、「今、子どもたちはここに少ししかいないけれども、それは学校に行っているからだ」とおっしゃった。「その学校はどこにあるのですか？」と聞くと、「この病院の中にある院内学級です」と答えた。つまり、精神科病棟には、病床があって、院内特殊学級もある。

これ、いくらにつくと思いますか。一体そこで何が生み出されていますか。

そこで生み出されているものは、何もないでしょう。唯一つあるとすれば、隔離する文化です。そうすると、そのあと彼らが成人の精神科病棟に移るのは目に見えています。

今日、午前中に浅草寺に行きました。そこには、修学旅行の子どもたちが何百人もわいわいやっていた。皆さん、想像していただきたいのです。この児童精神科病棟の病床と院内学級をなくして、代わりにその子どもたちが浅草寺に行くのに、誰か付き添いの人を毎日つける。それが、どれぐらいのコストになるか。

壁はいらない、敷居づくりこそ大事

伊藤　今、隔離の問題が明確になってきました。ペッペさんが、精神病院が全くない世界と精神病院を必要とする世界の違いを、もう少し伺いたいのです。先ほど言われたように、スタッフは相手を市民として見ようとしても、相手との関係がとれないので不安で仕方がない。医師は、この人とどう向き合えるのかと考えたときに、隔離や拘束などの装置を使うことになってしまうのだと思うのです。トリエステでは、どう乗り越えているのでしょうか。

ペッペ　まず言っておきたいのは、別に私は、先ほどあげたケースに対して、こうすればいいという確かな答えをもっているわけではない。ただ、そこで一体何が起こっているのかを、きちんと問う、ということはできるだろうと思っているのです。

自殺したいという例について話します。自殺者の多さというのも、国家的な問題になっているのは知っています。もし自殺というのが、単に精神医学の問題だったとしたら、精神医学は「入院させましょう」と言うでしょう。入院させたからには、できるだけ、そこでのセキュリティを考えて、リスクのない形をとるので、病院にいたくないというのなら拘束しましょう、あるいは、非常に暴れるというのなら薬を飲ませましょう、ということになる。それが、一年、二年、そして、一〇年と同じことを続けるわけです。

しかし、それで自殺者は増えないかもしれないけれども、減りもしません。その状態に対して、精神医療に携わっている人たちは、自問するべきだと思います。

あるいは、もう一つのやり方として、今もいろいろな国で行われていることですけれども、電気ショック療法がありえます。ただ、ひと言強く言っておきたいのは、この電気ショック療法と言われているものは、全く効果がないと断言できます。例えば、スウェーデンやフィンランドなど北欧では、電気ショック療法が非常に多く使われている。スウェーデンやフィンランドの精神科医と話していると、「この電気ショック療法は自殺を予防するのに役立つ」と言います。

ところが、そういったスウェーデンやフィンランドの国の自殺者数と、電気ショック療法をやっていないイタリアを比べると、イタリアのほうが五分の一ぐらい少ない。電気ショックは、イタリアで全くやっていないわけではなくて、年間五百件ぐらいやってますが。

したがって、精神医療に関わっている人たちは、どうすればいいのかということを、そこで自問すべきです。自殺したいというほど非常に調子の悪い人を前にしてどうするか。そこで、まさに出会いの機会というものを、そこにつくり出すということが必要なわけです。

この精神保健のサービス組織がやる仕事というのは、他者と出会うことを可能にするような状況をつくり出す、他者の声を聞くことを可能にするような状況をつくり出す、ということです。

例えば、私自身が昨日、自殺しようと思って自殺未遂をして病院に連れて来られて、昨日我々が見たような精神科病棟に入院したとしましょう。そこでは、そこの病棟のあり方自体が、まさに出会いの機会をつくり出すのと全く逆に、いかに距離をつくり出すかという原則によってできた空間が目の前にあるでしょう。

昨日行ったところや、他のところでも典型的だと思いますけれども、ナースセンターがガラス張りになっていて、スタッフのいる空間と患者さんのいる空間が、はっきりと分断されているのを見ると、そう思います。

しかし、それが大病院であれ、小さな病院であれ、あるいは外来の病棟であれ、〝あらかじめ指定された場所〟が必要だったわけでは全くない。そうではなくて、敷居を構築することが大事だという言い方を私たちはします。敷居というのは、自分と他者の間にあるけれど、それは壁のように分断するものではない。越えたり、こっち側にとどまったり、行ったり来たりできるという意味での敷居です。

そのことによって、私は、精神科医だから境界のこちら側にいて、あなたは患者だから境界の向こう側にいてくださいというのではなくて、お互いが敷居を境にして、そこに関係をつくり出すこと、それが必要なのです。

伊藤　ここでお休みにしたいと思います。質問がおありでしたら、紙に書いてお出しください。今のペースですので、一問か二問を採用させていただくぐらいになってしまいます。

精神病院を残したままでは敗北する

大熊　前半を聞いて思いました。これは朝から夜までの大講演会をやらないとダメです。今ここにいただいた膨大な、本当に貴重なご質問ですけれども、問答でこなすのは時間的に不可能です。実は、もうお一人、客席で出番を待っているお客様がおられます。ペッペさんの伴侶、マリア＝グラツィア・コリアティ・デッツァさんです。昨日のK病院、それから市川市のいろいろな社会資源を見てのご感想を話していただきたいと思います。

マリア＝グラツィア　昨日、私も一緒に精神科病棟の見学をしました。精神科の病棟というのは、世界のどこを見学しても、基本的にほぼ同じです。映画の中に出てきたような古い精神病院と比べれば、非常にきれいな近代的な病棟でした。あの映画にあったような、直接的な暴力は見られません。それでも、見えない形での暴力はあると思います。

扉はすべて閉じている。白衣を着たドクターとナースが鍵を持っている。個室にはベッドに拘束された人たちがいて、それを外からのぞくのぞき窓がついている。電気ショック療法も行えるようになっている、そんなベッドも見ました。先ほどペッペも話しましたが、ガラスで区切られたスタッフルームも鍵で閉じられていました。

ガラスで仕切られたスタッフルームの中で、スタッフが、ずっとカルテや書類を見ている。コンピューターに向かっている。それでは、患者さんとコミュニケーションをとるような時間はなさそうに見えました。

病床をかなり減らしたという話でした。けれども、そこで行われていることというのは、まさに古典的な古い精神医療のモデルです。そのための道具である拘束用のベッドなどがあるのです。そこでは、人間の、いわゆる尊厳や権利といったものは否定されています。

そのK病院のあと、今度は地域でＡＣＴやグループホーム、あるいはクラブハウスなどを見学しました。そこにいた皆さんは、精神障害があったとしても、生活というものを非常に楽しんでいるように見えました。

ドクター伊藤にコストの話もお聞きしたのですけれども、病院で必要なコストと比べて、地域で行われているサービスのコストは、かなり安くできるというお話でした。市川のような、地域で精神障害をもった人たちが暮らしていくためのサービスのネットワークづくりが、日本のいろいろなところで行われているとも聞きました。しかし、それがいろいろな困難に出会っているというのは、精神病院を残したまま、それをやるからではないでしょうか。

つまり、病院はそのまま変わらずに残して、そこでは、医学の論理で事業が行われている。そこには医学の権力というものが行使されている。外の地域で行われていることは、非常に重要なのですけれども、こうした病院がもっている医学の権力というものを切り崩す、あるいは、それにとって代わる、ということにはなっていない。

精神病院での拘束や隔離をはじめとする旧来の道具を捨てない限り、そうした医学や医師の権力というものは、ずっと残り続けます。それが残り続ける限り、患者と本当の意味での関係性をつくりあげることはできません。そういう意味で、やはり精神病院というものに、手をつけないといけないのではないでしょうか。

つまり、地域でのサービスを充実させるといっても、それを病院を残したままの形でやると、結局、負けが見えています。正反対のロジックのものが、並行して行われるのであれば、結局は、地域での精神保健ネットワークづくりは敗北することになるのです。

近代的な精神病院の隠微な施設化

大熊　私たちには耳に痛い話でした。さて時間がありませんから、最初で最後の一問にさせていただきます。六〇問の中の一問です。日本とトリエステの比較ができるような話を選ばせていただきます。

精神病院では、新たに施設症候群が生み出されてしまう。これはよく言われていることです。日本のように、精神病院にほぼ全面支配された国で、施設症候群の出現を立証するのは難しいです。ところがペッペさんもマリア＝グラツィアさんも、精神病院の全盛時代と精神病院が全廃された時代の二つの時代を経験しておられますから、施設症候群の恐ろしさを上手に語っていただけるような気がします。この答えは、日本が抱える問題への回答にもなりそうな気がします。

ペッペ　時差ボケの問題があるのですけれども、イタリアから来た私たちにとっては、まだ日中なので、当分続けることはできます（笑、拍手）。大熊さんは時間がない時間がないと言うけれど、そのわりには答えるのに時間がかかる質問をしますね。短く話します。バザーリアが語っていたインドのおとぎ話です。

一九六八年のゴリツィアの精神病院に、フィンランド人で、若くて、付けまつ毛をした美しい女性のジャーナリストが、テレビ番組のためにやってきた。「施設化とは何か」が、テーマだった。バザーリアはそれがどういうものか、彼女に示すためにインドの寓話を話しました。

ある夏の暑い日にインドの田舎で、一人の農夫が疲れて、木の陰で休んでいた。眠ってしまった。眠っている間に一匹の蛇が彼の口からお腹の中に入った。男は目を覚ました。彼がやることなすことは、蛇が彼にやるようにしむけていた。その状態で、五年、一〇年と月日が経った。その間、農夫はまさに自分が蛇によって支配されているということも知らずに、蛇の言うがままに、それをまさに自分の意思や欲望であるというふうに思って、行動をしていた。

また、ある夏の日に、農夫が木の陰で眠っていると、蛇が口から出て行った。農夫は、もちろん蛇が自分の体から出て行ったということも知らないまま、人生が続いた。けれども彼は、もはや、その蛇が彼の口の中に入る以前の彼では、なくなっていた。

今日は精神障害をもった人たちに、主体性を取り戻す、尊厳を取り戻すというお話をしたわけですけれども、そこで必要なことは、それは始まりにすぎない、と考えることです。そこから一つのプロセスを立ち上げないといけないのです。

施設化つまり蛇が施設の象徴なわけですけれども、それは決して精神病院という場所でだけ起こるわけではない。どんな場所においても、我々の誰にでも起こるのです。最後にフランスのパリの五月革命の言葉を引用します。「これは始まりにすぎない、戦いはずっと続く」。

マリア＝グラツィア　ひと言いわせていただきます。あの映画を見た方は覚えておられると思いますけれども、ボリスというユーゴスラヴィア人が出てきます。バザーリアが、ボリスの拘束を解くシーンがあります。そのときのボリスのリアクションは、解放された喜びというものではなかった。あったのは恐れであり、不安です。どうしていいかわからないというリアクションです。

つまり、それは、彼が拘束されていた長年の間に、別の振る舞い方を身につけていたからなのです。

古い精神病院の場合は、施設での暴力というものが、目に見えるあからさまな形で行使される。逆に、きれいな近代的な病院は、それは非常に隠微な形というか、隠された形で行使される。けれども、そこでは同じことが起こっている。それが施設化です。単にそこにいる被収容者だけではなくて、そこで働いている医者も看護師も皆、施設化の暴力を見ている。

そういう施設化の暴力を受けると、ボリスもそうですけれども、自分が拘束を解かれて解放されたということを信じない。信じられない。おそらく彼は、自分は騙されているのであって、そこで何かすると、より厳しい罰が待っているに違いないというふうに思って、そこから動こうとしない、自分で出て行こうとしない、というわけです。

こういう形で、暴力というものが、暴力を生み出して、連鎖していくわけです。それが、精神障害の周りに起こると、この病気によって、すでにいろいろな問題、苦しみがあるにもかかわらず、さらに輪をかけるように施設化の暴力の連鎖が覆いかぶさってくる。したがって、この覆いを取りはらい、病気をもっていようと、そこで生きている一人の人間に出会う、ということを私たちはする必要がある。

映画の中で、看護師が白衣を脱ぎすてるシーンがありました。あれは象徴的なシーンです。ボリスが病院を出て、街でアパートを借りて住みはじめる。それでも、もちろん彼の人生には問題もあるし、問題は解消しない。しかし、今までとは違ったやり方、違った道がそこに開けていく。施設症候群は、少なくとも精神病院がなくなったイタリアでは、病気の上に、さらに施設化の暴力が覆いかぶさってくるというようなことは取り除かれています。

伊藤　今日のお話を聞いて、精神病院を本当になくす必要があるのだというあたりが、自分の中で、そうだなぁという思いと、もう片方で、そのことを日本の中でしていくときに、自分の覚悟だけで何かできるのだろうか、みたいな思いと、両方が、今頭を駆け巡っています。

大熊　さて、時間が迫ってきましたので、本日の締めをさせていただきます。

ペッペさんとマリア＝グラツィアさんのお二人の結論をひと言でいえば、「批判的な思考こそが大切だ」ということです。「なんでこの人たちは、ここにいるのだ」「なんでこの人々に力の行使が必要なのだ」といった、基本的な思考から始めてください、というのがペッペさんのメッセージです。

これで本日の講演会を終わります。

……………………………………………………　【以下は大阪会場】

伊藤　ペッペさん。隔離や拘束をなくしたトリエステの今の精神医療の中で、一体何が精神医療を支えているのか。精神医療の真ん中には一体何があるのでしょうか。

なぜトリエステでしか起こっていないのか

ペッペ　一言でいうと、お互いが出会うこと、お互いを認め合うこと、お互いを歓待し合うこと、です。これは、現象学の用語になりますけれども、「一緒にそこに存在する」ということです。

伊藤さんの質問には、私も質問で答えたいと思います。今晩、ここにいる皆様に共有してほしい問いは、「どうしてトリエステでこうしたことが起こったのか」です。「今、どうやっているのか」ではない。今、トリエステで何をやっているのか、なんていうのは、実は全くシンプルなことなのです。他者をケアするということ、他者の面倒を見ることです。

具体的には、例えば、利用できるいろいろなサービスを一緒に、どういうふうに利用できるかを考えることです。あるいは、人と人との関係性、そういうものをつくりあげていくことです。あるいは、障害などできないことを見るのではなくて、その人ができることを認めていくことです。それは言い換えると、誰かがほかの人に対して強制しない、その人の意思を超えて何かをするのではない、その人を縛ったりしない、ということです。他者のリミットというものを、他の誰もそれを超えて何かをするということをしないということです。

今、皆さんに述べた一連のことは、当たり前で全くどこにでもあっていいことのように聞こえると思います。けれども、問いはこのようになるはずです。「こういったことが実際に起きていないとしたら、それはなぜなのか」です。

トリエステと日本のどちらが当たり前か

日本の精神科病院協会の会長が、会長講演（大熊註：講演もあったかもしれないが、内容は同協会機関紙二〇一二年一月号の巻頭言に記されている）の中で、こう言っています。日本の精神医療というのは世界一である、と。彼はその中で自信をもって語っている。日本には三五万の精神病床があるわけですけれども、そこで、例えば電気ショック療法が正しく使われて、拘束がきちんと規則に基づいて行われて、きちんと隔離が行われて、かつ扉がきちんと閉鎖されている、そういうきちんと守られた状態で、かつ適切な量の薬が使われる、こうしたことが行われている日本の精神医療について「世界一だ」と言っているわけです。では、トリエステでのケアと日本のやり方と、どちらが当たり前なのか。

実際、ここにいらっしゃる皆さんと対話したいのですけれども、つまりなぜ、私には当たり前のように思える先ほどの一連のことがトリエステだけで起こって、日本では起こっていないのか。

昨夜、京都の地ビールと沖縄料理を出す店で、精神保健の現場で働いている人たちと一緒に夕食をとって、その人たちの経験を聞きました。かつて精神病院で働いていた人が多かったのですが、みんな、ある瞬間、ある時に、問い直しをする瞬間というものがあった。それまで毎日病院で自分が行っていたことに対して、一体どういう意味があるのか、と問い直す、自問する、そういう瞬間があったというのです。

そうすると、そこから、これとは違った別の道がありうるのではないか、という考えが出てくる。けれども、それは、なかなか見つからない。見つからなかったらどうするか。狭い自分の心持ちや態度の問題ではなくて、もっと視野や問題の範囲を広げていって、問題がどこにあって、それとは別のやり方はどうやったら見つかるのか。そういう根源的なことを考えるにあたっても、それぞれの人の具体的な経験や語りというところから始めたらいいのです。

精神医療とは一体何なのか

初めてバザーリアがゴリツィアの精神病院に足を踏み入れたときに見たのは……扉は閉鎖され

ていますし、拘束も行われているし、電気ショックも行われていたけれども、こうしたことがバザーリアに驚きと恐れをもたらしたのではなかった。そうした行為をしている医師や看護師が悪者だと思って、そのことにバザーリアは恐れを感じたわけでもなかった。そこで見た別のものに、彼は驚き恐れを感じた。一体何を見たのか。

「そこにあるべきものがない」ということを見たのです。当時は四百～五百人の患者が収容されていたけれども、その四百～五百人が人間として立ち現れてこなかった。それに恐れおののいた。こんなところで自分は一体何をすればいいのかと思った。「そこにいない存在」とどうやって関係性をもてばいいのか、何をすればいいのか全くわからない。もう、こんなところから逃げ出してしまおうと、バザーリアは思った。

彼は結局、逃げ出すことをしなかった。代わりに彼は問うた。「精神医療とは一体何なのか」「精神医学は一体何をしているのか」と。

一九七二年に、私は二五歳だったのですけれども、トリエステの精神病院でウンディーナという女性と出会った。彼女は四〇年間、つまり一九三二年から病院にいた。しかし彼女が統合失調症だという以外に、なぜそこにいるのかを言える人がいなかった。

あるとき、ウンディーナの二人の姉妹が精神病院にやってきた。それで、私は二人の姉妹に、一体ウンディーナに、入院前の一九三二年に何が起こったのか質問した。

ウンディーナは、ある海軍の兵隊さんと熱愛関係になり、すごく惚れたということがわかった。両親は反対した。最終的に海軍の兵士は、みんなの言っていたように、彼女の元を去って二度と姿を現さなかった。ウンディーナは家に引きこもってしまい、家から一歩も出ることがなくなってしまった。その結果として、最終的に精神病院に連れてこられて四〇年間が過ぎた。

人間を一緒くたに扱う怖さ

長くなりましたので、伊藤さんの最初の質問、イタリアで行われている精神保健の中心には何があるのか、ですね。精神保健サービスの中心にあるのは、一人の人間です。あるいは、一人の市民です。

したがって、扉を開けるということは、まさに一人の人間をそこに立ち現われさせるということにほかならない。閉じた扉の向こうにいるのは、一般化された被収容者であって、そこにはウンディーナという名前の一人の人間はいない。扉を開けることによって、生きてきた歴史をもち、いろいろな感情であるとか、いろいろな必要性をもったウンディーナという人が立ち現れるのです。

その次元があって、はじめて治療的な関わりが可能になる。けれども、それは単に、ケアや治療の次元ではなくて、同時に政治的な次元でもあるし、同時に倫理的な次元でもある。精神保健の仕事というのは、この三つの次元に対して行われる仕事なのです。

精神医学というのは、あるいは精神医療というものは、ずっと何をしてきたかというと、人間を一緒くたに集めて、それを人間ではないものにするということを大掛かりにやってきた。ところが、対象が人間になると、それまでの精神医学、精神医療というものは、たちどころに危機に陥る。それが今現在起こっていることだと思います。

伊藤　今、僕の中に浮かんでいることが二つあります。精神医療は他害の恐れがあるという理由では治療を始めないということになるかと思います。つまり、精神障害をもった人が、人を傷つけたいという気持ちをもったとして、それが症状の影響を受けていようがいまいが、他害の恐れでは強制治療の対象にならない。そういうスタンスだと理解してよろしいでしょうか。

もう一つ、例えば、目の前に非常に混乱した人がいた。精神医学の言葉では混乱が精神症状によるものだというふうに見えたとしても、そのときに、その人の治療は、その人に向かい合ってより対等に話をする中で相手がそれを受け入れるという気持ちにならない限りは行わないと、そういうふうに考えてよろしいでしょうか。

改革の第一歩は市民権を返すこと

ペッペ　今、まさに人を傷つけたり、目の前に混乱した人がいて、という例を伊藤さんは出されました。けれども、精神医療について、人が語るときに、人はある一群の言葉とともに、常にそれを語る傾向がある。それはどういうことかというと、人を傷つける、人を殺す、あるいは他人に迷惑をかけるといった一群の言葉と一緒に、精神医療について語るわけです。

しかし、こういった一群の言葉は、はっきりとした歴史的な起源をもっているわけです。それは近代の精神医学というものが生み出されたときに、ある一つのイデオロギーとともに生み出されたということです。それは、全く真実ではありません。いや、あるいは、ある人々にとっては真実なのですけれども、それは、宇宙全体にとっての真実ではない。したがって、真実ではないわけです。このことは、精神疾患をもった人が人を傷つけない、人を殺さないということを言っているわけではない。決して私は、精神疾患というものが存在しないと言っているわけではない。

司法精神病院廃絶を訴えてイタリア半島3000キロを行脚するデッラックア（ローマの国会前で上院議長と談笑。2013年、撮影者不詳）

問題は、これまで精神医療、精神医学が置かれてきた、いわば混乱した状況から、外に出るための道というものを探しているわけです。つまり、そこには精神病院という精神医療、精神医学の施設、そこにいる人を全体化する、そういう施設というものがあったわけですけれども、そこから出る最初の一歩として、一人の人間にその人の権利を返す、ということについて話しているわけです。皆さん、退屈されているかもしれないですけれど、重要なところなので、少し難しいかもしれないですけれども、お付き合いください。

　精神医療そのものが常に悪いと言っているわけでもない。それはいいこともありうる。精神医療、精神医学が、社会的な対立、コンフリクトに介入するために利用されるということも、もちろんありうる。

　ただ、否定しなくてはいけないのは、病気というものを人間であることの上に持ってくることです。その人は病気をもっているかもしれないし、障害をもっているかもしれない。けれども、目の前にいるのは人間です。目の前にいる人間は、一つの物、一つの物体というものになってしまうと、そもそも治療やケアというものの自体が不可能になってしまう。そうすると、物に対しては、例えば、一部の脳だけを取り出して、脳に何かをするというようなことが、精神医療の行為になってしまうわけです。

大熊　さて、このままの議論では夜中の一時ごろまで行きます。そこで僕は、強制的に話題を変えます（笑）。隔離や拘束や強制について話し始めたらここまで来てしまったわけですが、強制の行きつく先は、いわゆる司法精神病院問題です。

イタリアの国会は二〇一二年三月三十一日で、国内六軒ある司法精神病院を全部閉じることを法律で決めた。それが一年たったら、政情不安や財政不安があったのでしょうが、一年延期するという法律を通して、今ここまで来た。

ペッペさんは、司法精神病院をなくす運動で青い馬を引いて三千キロのキャンペーンをやって、それを振り切るようにして日本にやってきました。一体その運動って何なのだろうか。日本の医療監察病棟はまさに司法精神病院と同じ性格のものです。これをイタリアの国会議員がこぞってやめようと決議して、さてそのあと、どうなってしまうのか。

最悪の刑務所と最悪の精神病院をかけ合わせた場所

ペッペ　今、ここで、司法精神病院に関する大熊さんの質問に答えるのは、非常に難しい。この問題を語るには、前置きとして語らなくてはいけないことがたくさんある。それについて全部お話しすることはできない状態で、この問題に入って、皆さんにどれぐらい理解してもらえるかわからない。けれども、なんとかお答えしましょう。

司法精神病院の問題は、まさに司法の問題と医療の問題の両方が関わってきます。それはまさに、精神医学、精神医療というものの心臓部分にある問題です。

「司法精神病院という場所は「二つの否定」がかけ合わされたものです。二つの否定とは、先ほどまでお話ししていたような、「人間であるということの否定」と「権利というものの否定」です。その二つがかけ合わされた司法精神病院は、存在を無にする場所です。別の言い方をしますと、最悪の刑務所と最悪の精神病院をかけ合わせた場所です。

この司法と医療が交差する場所であることによって、通常の意味での法律に違反した行為をしたことに対する罰則を超えて、「無限の罰の場所」になってしまうわけです。繰り返し言いますけれども、病気をもっている人が犯罪を犯さない、ということを言っているわけではなくて、病気であることと犯罪を犯すということを分けて考えろ、と言いたいのです。

皆さんに知っておいていただきたい情報ですけれども、現在のイタリアの司法精神病院を規定している法律は、ファシズムの時代に成立した刑法です。それが、そのまま今も使われています。ファシズム時代にできた刑法が語る言葉、司法と精神医療が関わる領域についての言葉は、ほぼ全世界で共通です。つまり「触法精神障害者」や「危険性」や「司法鑑定」や「社会の安全」などという言葉群です。

二〇一〇年に上院の委員会が、この六つの司法精神病院の一つに入って、皆さんが想像されるようなひどい状態を見た。その結果、他のすべての司法精神病院も見た。そして、状況は全く悲惨である、ということになった。この上院委員会の調査報告を受けたイタリア共和国大統領は、

「このような場所はなくすべきである」と言った。これに上院が反応して、司法精神病院の閉鎖が議題に上がったのです。

二〇一二年の初めに上院が閉鎖を決めた。二〇一三年、つまり今年の四月までに、イタリアの各州が責任をもって、地元州の住民で司法精神病院に入っている人たちを、元の生活の場所に戻すということを決めた。けれども実際には、それは実現されずに、期限が一年延期された、というのが今の状態です。

（註：国立司法精神病院六カ所すべては二〇一五年三月三十一日をもって廃止された。一二〇〇人とも一五〇〇人とも言われた被収容者は出身州に振り分けられた。この人々は州内の地域精神保健機構に吸収されたり、各州内に新設された司法精神病院もどきの閉鎖施設に入れられたり、と移転先はいろいろで、司法精神病院完全廃止にはまだ大きな課題が残っている。）

なぜ私たちは闘っているかといえば、司法精神病院をなくすための絶好の機会だからです。この機を逃してはいけない、ということです。

刑罰を受ける権利とケアを受ける権利

司法精神病院をなくして何をしようとしているか。先ほどから申しているように、それぞれの人たちに権利を返したい。何の権利かといえば、「刑罰を受ける権利」と「ケアを受ける権利」の両方です。

難しい問題ですが、ここだけは理解してほしい。司法精神病院を閉鎖するという論理は、精神病院を閉鎖する論理と何一つ変わらない。つまり、司法精神病院を閉鎖するということは、人間

2015年３月で廃止されたアヴェルサ司法精神病院（2007年）

を物扱いする過程や装置をなくすということです。

　犯罪と精神病に関して常に語られる言葉群、つまり「犯罪」「精神疾患」「責任能力」「危険性」といった言葉にはつながりがあるように言われてきましたが、実はそのつながりなんて全く根拠がない。あくまで連想で語っているにすぎない。

　例えば人は、「責任能力がない」と「精神疾患」という二つの概念を結びつけてしゃべるとき、自分が何についてしゃべっているのか、全くわかっていない。あるいは「危険性」と「精神疾患」を結びつけて語るとき、人は自分が何について語っているのか何もわかっていない。それは、科学的に証明できるつながりではないから、です。

　反証は、いくらでもある。統計的にも科学的にも証明することはできます。でも、「危険性」と「精神疾患」が関係があるということの証明は、実はできないのです。そういう、いくつものあやふやなコネクションの一群の言葉が、一緒くたに語られているのです。そういう、意味のないメカニズムが、実際には力をもって働いているということについて、今我々は問題にしているのです。

それは同時に、司法精神病院なしでやれる可能性があるのだ、ということを示している。それは、触法精神障害者に罰を受ける可能性を戻してあげる、ということでもある。しかし、それは単に罰を受けさせるだけではなくて、同時に、法を犯してない他の精神疾患の人と同じように、ケアや治療のプログラムを一緒にやるということでもあるです。

ある特別な場所をつくって、危険とみなされる人たちを一カ所に閉じ込めるというのではなくて、たとえば、保護観察のような、日常生活にある程度の制限を設けながらでも、しかし、自宅で暮らしながら同時に治療のプログラムを受けてもらうという形で、社会的な罰の過程を終えることもできる。そういうことを、少しずつ、今イタリアでも、やっているわけです。

保護観察はプロセスなのであって、ある特定の場所をつくるということとは全く違います。司法精神病院の壁を我々が壊すことができたならば、それは、そこに閉じ込められている人にとってだけではなくて、他のあらゆる市民、あるいは、日本の皆さんにとっても、一つの新しい可能性や新しい次元が開けるということです。私たちは、そういう闘いをやっているのです。

最後に三つ言って終わりにします。一九六一年にバザーリアが初めてゴリツィアの精神病院に足を踏み入れて、そこで見たもの、その経験についてお話ししましたけれども、それはあくまで一つの始まりであって、そこで始まったことは、彼はもう亡くなってますが、今もまさに続いているのです。それが一つ目。

五〇年前にバザーリアがやったこと、扉を開くことによってそこに市民を見出したということ。それと同じことが、今まさに司法精神病院の扉を開けることによって、また起ころうとしているということ。これが二つ目。

そして三つ目は一番大事なポイントです。この司法精神病院の問題に関して重要なのは、国はその人がそうであることについて考慮しなくてはいけないのか、それとも、その人のやる行為、あるいは、やった行為について考慮しなければいけないのか、という問いです。つまり、統合失調症をもっている人であるということについて国が何か介入するのか、それとも、その人が犯罪を犯したという行為に対して介入するのか、という意味です。これを最後のポイントとして投げかけたいと思います。

大熊　時間は迫っています。今の話を僕なりに整頓させていただきます。つまり人間は、罰を受ける権利と、ケアを受ける権利の、両方をもっている。罰を受ける権利を無視して、治療と称して本人を閉じ込めてしまう、これが精神病院の論理であり司法精神病院の論理である。ペッペさんたちは、言います。病気が原因であれどうであれ、罰を受ける、あるいは裁判を受ける、もちろん裁判の中で情状酌量などあるわけですけれども、とにかく、罰を受ける権利、裁判を受ける権利が人間にはある。その代わり、普通の人と同じように、ケアも受ける権利もあるのだ。司法精神病院を閉じる論理と、精神病院を閉じた論理は同じだ。

でもこれは、イタリアみたいに精神病院を本当に二十世紀で閉めたことで初めて、司法精神病院も同じ論理でやめようではないか、と言えるのですね。それを今、ペッペさんの運動で思い知らされました。

もう一つ、精神病院をなくす論理のルーツは何かといったら、フランコ・バザーリアという精神科医が一九六一年に精神病院で出会った、フランス語でオブジェ、英語でオブジェクト、イタリア語でオジェット、つまり日本語で言う「物体」に出会って、これは物体ではない「主体性のある人間」「自己主張もあるし自己決定もできる喜怒哀楽のある人間」だと気がついたことです。主体性のある人間と見てこそ、初めて治療が成立する、ということを発見したことです。

　僕は、十二月八日以来、ペッペさんとお付き合いして何度か聞かされているから、今こうやって、申し上げることができるのです。

　もう一つついでに言いますね。バザーリアの行動は、初めに批判的な思考ありきです。精神病院ってなんだ、あそこにいる人はなんだ、彼らに行使するあの力は本当に必要なのか、という疑問です。その基本的な問いかけが最初にあって、自問自答を繰り返して、それが同志や弟子に受け継がれて半世紀たって、今ここに至った。これで今夜はもう九時になろうとしています。皆さんの質問を、これからどうやって整頓しようか、悩みます。

伊藤　五分ほど休みにします。今まで話を聞いてのご質問がありましたら、受付までお持ちください。

……………………（休憩）

竹端　再開します。残り一七分です。質問から、二つぐらいしか答えられないかもしれませんが、伊藤さんお願いします。

伊藤　本当にたくさんの質問をいただきました。日本をどう思うかという質問は大き過ぎるので、今回は勘弁してください。とてもシンプルな質問がありました。薬の問題です。人を人として扱うということだから、薬による強制治療も極力しないという文脈ですよね。そうすると、本人の同意を得ない筋肉注射や、本人に内緒で薬を飲ませるなどということはあり得ない。そういうことでしょうか、というご質問です。

強制に至るまでの交渉こそが大事

ペッペ　強制治療、もちろんイタリアにもあります。今までお話ししてきた原則は、つまり、一人の人間として扱うということです。関係性のゲームをするということです。つまり、交渉するということでもあります。それは、交渉の限界まで、一緒にやるということです。その結果、限界に達して、どうしても強制的に注射をしなければいけない、薬を強制的に飲ませなくてはいけない、ということは起こりうる。

最後に何をやったか、と問うことが重要なのではなくて、そこに至るまでに何をやるかということについて、私は話してきたつもりです。つまり、最終的には、強制治療をする、内緒で薬を飲ませる、ということを、もしかしたらやるかもしれない。けれども、それを、最初から、この人は治療は拒否するだろうし、聞く耳はもたないだろうし、危険なのだと決めつけて、そういうことをするというのはダメだと言っているわけです。そうではなくて、関係者の中に入って、交渉して、しかし、最終的にそうやらざるを得ないかもしれないけれど、しかし、それまでの過程が重要なのです。最後にどうしたかということだけを問題にするのではないのです。

これを可能にするためにこそ、二四時間いつでも開いている精神保健センターが必要なのです。

大熊　あと二問採用しますが、ペッペさんにぶつけて返していただく時間がありませんので僕が急いで答えます。

「精神障害のある人にも、一人の人間として、刑罰を受ける権利があり、ケアを受ける権利があるとのことですが、実際に、イタリアでは、刑務所に入りながら、同時に、その中で、精神障害に配慮したケアプランを受けることができる、ということなのでしょうか」。

トリエステではイエス、イタリア全土ではおそらくノーです。トリエステは、拘置所や刑務所からセンターに電話がかかってくると、すぐに、センターから専門の人が駆け付けて、市民と同じような精神保健サービスをします。これを三〇年以上やっています。だから、トリエステでは司法精神病院に送られる人がいなくなった。それが答えです。

それから、もう一つ。「認知症や自分は病気でないと考えている人への支援は難しいです。これを、どうしているのか」。イタリアでも日本でも難しい。しかし、やはりこれは、職員と患者が信頼できる人間関係を構築しているということが、治療のための最良の条件です。この良好な人間関係がなければ、どこの国であろうと、状況は、はちゃめちゃになってしまう。これが回答です。

もう時間がないので、本日のまとめです。なぜトリエステでエネルギッシュな革命が行われたのか。なぜペッペさんみたいな改革者が生まれたのか。これを最後にお話ししましょう。

イタリアの隣フランスの、一九六八年のパリ五月革命、大変大がかりな学生運動です。ペッペさんが、その革命に加わったという意味ではないのですが、この世代の人、つまり社会変革を求めた若者が、世界中にいた。日本だって、東大の安田講堂が占拠されたし、大学が一年間もマヒした。この若者、特にイタリアの若者がトリエステのバザーリアのもとに集まった。バザーリアがイタリア中からかき集めたとも言えます。ペッペさんもマリア＝グラツィアさんも、トリエステに集結した若者だった。バザーリアは、彼らに人件費ではない奨学金を与えて、改革のエネルギーにした。

　ということで、最後に、大もとになったパリ五月革命の学生のビラを紹介して終わります。ビラは「我々は、最後までやり抜くぞ」です。この言葉を皆さんと共有してお開きとします。

第4章

「恐怖の収容」と決別した精神保健

ロベルト・メッツィーナ

（2014年　東京・大阪）

ロベルト・メッツィーナ（2014年来日時）

Roberto Mezzina

精神科医。南イタリア・バーリ大学を卒業し、一九七八年にフランコ・バザーリアのトリエステ県立サン・ジョヴァンニ病院に赴任。同病院の脱施設化、地域精神保健サービスの発展に尽力。二〇一四年春トリエステ精神保健局長に。バザーリアの「思想と実践」を引き継ぐ新リーダー。二〇〇九年秋からＷＨＯ調査研修協働センター長、世界の「精神病院の脱施設化」「精神病院に代わる地域密着型サービスの発展」を支援。二〇一三年からデンマーク、チェコ共和国、オーストラリア、ニュージーランドの精神保健改革をサポート。二〇〇一年から「国際精神保健協働ネットワーク」の推進役として活動し現在は代表。

【以下は東京会場】

多様性の文化が大事

皆さんがぎっしり入ったこの会場に、強烈な印象を受けています。私は三日前に東京に着いたのですが、東京という都市は、非常に多数の人々が集まった極めて複雑な場所です。単に「群衆」というひとかたまりの存在の場所ではなくて、それぞれが固有の顔と歴史をもった人々の集まる多様性に富んだ場所です。本日の話のキーワードの一つは「多様性」です。

私が非常にリスペクトしている、この歴史ある日本で、自分が経験してきたトリエステ精神保健についての歴史をお話しします。

私は南イタリアのプーリア州の出身で、そこの大学医学部の学生だったときから、研修医としてトリエステで働き出しました。三六年以上たった今も、トリエステで働いています。

働き出したのは一九七八年です。一九七八年にイタリアでは一八〇号法という精神保健に関する重要な法律ができました。ちょうどその年に、トリエステでフランコ・バザーリアのチームの一員となったわけです。

人は、精神保健とか精神医療と言うときに、常に「共生」とか「共存」とか、つまり多様な人々が何かを一緒に担っていくということを忘れてはいけません。トリエステでは単に精神医療を実践するということを超えて、まさに共存・共生の文化的雰囲気を強く感じながら働きました。

東京大学駒場キャンパス、900番教室を埋め尽くした聴衆（撮影：山田理絵）

トリエステはアドリア海に面した港町で、旧ユーゴスラヴィアとの国境に接しています。イタリアの北東の端っこにあります。旧ユーゴとの国境が近いということで、ずっと戦争に関わる地域でもあった町です。トリエステが国境の町、境目に位置する町だということは非常に重要で、皆さんの中のどのくらいの人が映画『むかしＭａｔｔｏの町があった』をご覧になったかわかりませんが、そこでは常に「境界」が問題になります。国と国の境界、正常と異常の境界、健康と病気の境界、あるいは精神医療と社会の境界……つまりトリエステは諸々の「境界」に関わる場所だ、ということを、心に留めて聴いていただきたいと思います。

　このトリエステという町で、精神科医だったフランコ・バザーリアは、苦しんでいる人々の「主体性」というものにこだわりました。これは従来の精神医療とは別のやり方です。

フランコ・バザーリアは、現象学をはじめとする哲学や社会学について、非常に深く勉強していました。彼は、苦しんでいる人たちの病気、あるいは病人というものの背後にある「その人自身」に出会うことを考えていた。けれども、それを不可能にしているもの、それが「精神病院」という施設でした。

トリエステに来る前のバザーリアは、ゴリツィアという、これまたトリエステに近いイタリア北東部の国境の町ですけども、ゴリツィア県立精神病院の院長を一九六一年から務めていました。そこで、精神病院が、人間という生きた身体を「物（モノ）」化してしまう場所だと気付きます。バザーリアが問うたのは、そういう施設でどうやったら「人間」と出会うことができるのか、です。

市民としての権利を回復させる

精神医学が社会から任された役割というのは、社会的に危険であり逸脱した存在を、精神病院という場所に閉じ込めて管理することとです。精神病院では、精神科医と病者・患者が「コントロールする者」と「コントロールされる者」という関係にあった。そこでバザーリアがやったのは、物（モノ）化された身体を元に戻す、ということでした。

当時のゴリツィアの精神病院でバザーリアが目にしたのは、入院している人々の悲惨な姿でした。単に劣悪な状況にとどめ置かれているというだけではなくて、社会的な関係性をも奪われているという意味の悲惨な状態でした。したがって、社会的な身体に戻していくというのは、例えば、住むところであるとか、仕事であるとか、友人であるとか、そういう市民としての社会的ないろいろなものを、当然の権利として本人に返していくということを、含むものでした。

そうなると、当然のことながら、社会の側、市民の側を巻き込んでいく必要がある。社会の側にも、いろんなリソースを使えるようにするといった仕事が出てくるわけですね。

バザーリアと飛行機の写真（カバー参照）は、非常にシンボリックな風景です。一九七五年にバザーリアがアリタリア航空を説得して、百人の入院患者とスタッフと一緒に飛行機に乗ったときの記念写真です。これは様々な「悲惨」を乗り越えて自分たちは飛べるんだ、ということを示すエピソードです。

バザーリアは一方で、精神病院を解体していくと同時に、それに代わるネットワークの構築をやった。したがって、それは当然、その地域との間で、いろんなネゴシエートをする仕事にもなるし、入院患者の市民としての権利を回復していく仕事にもなるわけです。

精神病院の時代、入院者には一元化・標準化された対応をするのが普通でしたが、病院を解体して地域に出て行くとなれば、重要なのは、人間を病人としてだけではなくて、人間生活丸ごとを捉えることになります。個々人には違ったニーズがあります。非常に複雑多様なニーズです。これに、個別に対応していくことが必要になってきます。

バザーリアが発見したのは、たまたま精神病院という場所があるから社会的な排除が起きたということではなくて、既に社会の中にそういう排除の構造あるいは対立があって、それを解決する場所として精神病院がある、ということでした。

精神医学はその排除の現実を「病気」と呼んできた。バザーリアは「病気が存在しない」とは言いませんが、「病気である」と診断することが一つのイデオロギーとなっているのが問題だ、と指摘したのです。

本来の精神保健サービスの仕事とは、人間の様々あるニーズに手広く対応していくことで、それは今日でも全く変わることはありません。したがってそれは、精神障害、精神疾患をもっている人だけの話ではなくて、あらゆる問題、あらゆる生きづらさ、あらゆる苦労があるところには、そのニーズがあるわけですから、そのニーズに対して包括的に対応していくということが、精神保健サービスの仕事になるのです。

職員のメンタリティをどう変えるか

では、どうやったらそれができるのか。

それには、まず苦しんでいる本人を中心に置くこと。さらに、家族なども含む全ての利害関係者に関わってもらうこと。もちろんそこに、専門家や行政というのも皆関わってくる必要があります。

病院がある時代は、精神病院という場所に一元化されていました。しかし、地域に出るということになると、多様な参与者、多様なエージェントが、脱中心化された状態で関わっていくということになるわけです。

精神病院をやめて地域精神保健へ移行するというときに必要なのは、働く人、スタッフの側のメンタリティです。メンタリティを変えるというのは、病院に座って、訪ねてきた人に対応するということではなくて、自分のほうから地域に出て行って、いろいろなものをつなげていく、いろんな人やリソースをつなげていく、そういう非常に積極的で能動的な動きのある中で仕事する、そんなメンタリティに変えるということです。

一九七三年二月二十五日、約四百人の入院者と大勢の職員や支援者など約千人が青い張り子の巨大な馬を引きながらトリエステ市内を行進し、精神病院の扉が開いたことを初めて市民に強く印象付けました。街に出て行ったマルコという馬の周りに、人々の輪が、つまりネットワークができました。これが、コミュニティです。

二四時間オープンの精神保健センターとは

民主的な精神医療、精神保健というのは、医療スタッフと患者だけではなくて、地域の様々な主体もそこに参与して、非常に厚みのあるものとして存在します。

トリエステでは一九八〇年に精神病院が閉鎖されました。病院に代わって精神保健局という拠点が地域にできて、この精神保健局の下に精神保健センターが四つ（当初は七つ）、地域の総合病院の中の精神科病棟に六床、それに加えて居住サービスがあって、この六つの資源が中心となって精神保健局を構成しています。

四つの精神保健センターそれぞれが受け持つ地区住民が約六万人です。

一つのセンターは約六万人の住民の精神保健に対する責任を担います。精神保健センターが責任を担うということは、ここに住んでいる人たちに精神保健に関わる問題があれば、みんなセンターに行くということです。責任をもつということは、「センターに来る人を選ばない」ということです。来る人全員を受け入れて対応する、これが大原則です。

例えば、病状の軽い重いを問いません。この人は受け入れるけれどもこの人は受け入れない、ということをしません。この人は別のところに送って、そこで診てもらいなさい、ということをしません。それが「責任をもつ」ということです。それは、病院で職員が待ち受けて、訪ねて来る人に対してだけ対応するというのではない。こちらから積極的に出て行って、必要とされているニーズを探し出していく、ということでもあります。

精神保健センターは、うんと敷居が低くなければいけません。そこでの雰囲気も、堅苦しくなくて、インフォーマルで、誰もが気楽にアクセスしやすい、そういう場所でなくてはいけません。センターに行けば、あるいは電話すれば、スタッフの側が拒否することなくフレキシブルに対応する、ということでないといけないのです。

患者解放の象徴「青い馬マルコ・カヴァッロ」
（ⓒClaudio Erné、1973年2月25日）

「治療の連続性」は極めて大事です。この「連続性」は、利用者の動きにずっと一緒についていく、という意味での連続性です。その人が生きるいろいろな場所に沿っていくということです。その人が刑務所に入ったとしても、その刑務所の中まで精神保健サービスが一緒についていく、ということです。利用者の方のニーズがなくなるまで、もしかしたら死ぬまで、精神保健サービスは寄り添っていく、ということです。

クライシスを精神保健センターで受け止める

特に、クライシス（精神疾患の危機的状態）を精神保健センターの仕事の中心に置くのは、最も大事なことです。これは、本人の危機的な状態を、急性期という形で、何か特別扱いして、特別な場所、精神病棟とかに入れるということではない。地域精神保健センターの活動の日常的な活動の中心に、クライシスを据えるということです（クライシス対応については第五章で詳述）。

クライシスも、在宅で対応できるかもしれないし、あるいは精神保健センターの中にあるベッドにしばらくいてもらうことで対応することができるかもしれない。いずれにしてもそのクライシスを特別扱いしない、特別な場所に集めることをしない。それが、「クライシスを中心に置く」ということです。

クライシスは、何か医学的に特殊な状態になることではなくて、我々の人生の中でしばしば起こる、誰にでも起こりうる、人生の一部です。だから普通の人生の中で対応されなくてはいけない。そのために、精神保健センターのスタッフを含め、様々な人々を巻き込みます。それによって、いわゆる強制治療というものも、できるだけしないで済むことになります。

サービスが包括的で統合的だというのは、精神医療に専門化されたサービスではなくて、まさに、人々が生きるということの全体性に対して「包括的に」応じていくことです。例えば、利用者が仕事をできるようになるための様々なプログラムがありますが、そういうところに予算を使

現在のトリエステの精神保健システム（トリエステ精神保健局）

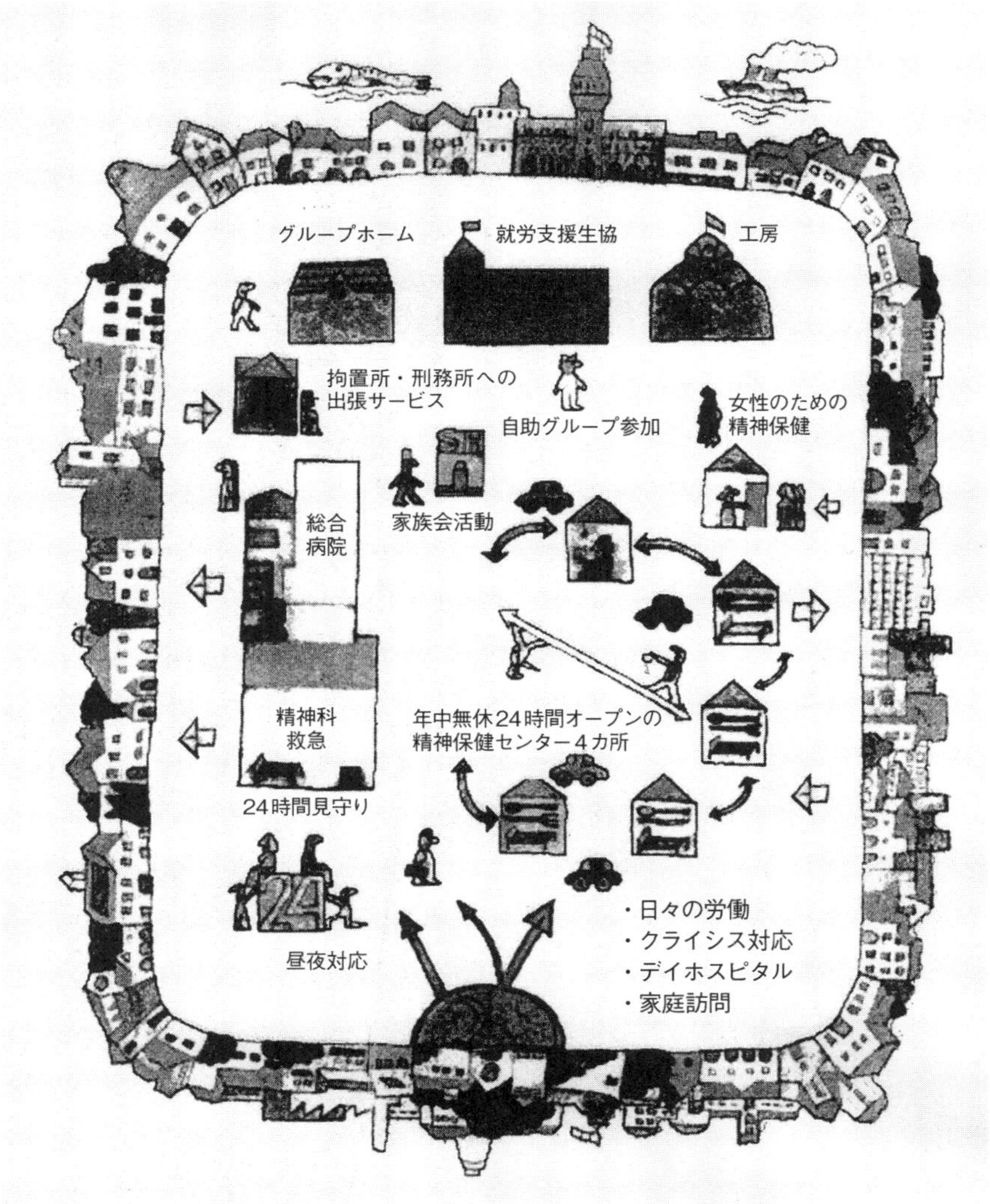

うとか、そういう形でリソースも包括的に使うとかすることになるわけです。

リソースの中でも社会協同組合は重要です。ここは、精神的な問題を抱えた人と、いわゆる健常者が、協同組合の組合員として一緒に働く場所です。協同組合ですから、自分が出資してオーナーになって働く、ということです。社会協同組合はいろんな領域で仕事をします。農業だけではなくて、園芸とか料理とか清掃とか、あるいはレストランやホテルを経営したりもします。トリエステの街の中でバール、カフェを経営したり、美術館の運営を任されたりもします。

チームワークが大事になります。チームで仕事をするというのは、よく言われるような、異なった専門の人々の集まった、つまり多職種のチームで働くという狭い意味ではなくて、……もちろんそこには専門のスタッフが関わっているわけですけれども、さらに家族であるとか、元利用者で回復した人がピアサポーターとして参加するとか、あとは市民のボランティアだとか、そういうのを含めて、この仕事をするチーム自体がまず一つのコミュニティになるような形で仕事をするのです。

こういう形で、二四時間オープンの精神保健センターが、地域の精神保健サービスの中心になります。これは非常に柔軟な組織、柔軟な体制です。先ほども言いましたように、相手を選ばず、あらゆる利用者に対応する。そこでは、クライシスの本人とも交渉し説得する。各精神保健センターにはベッド（註：下宿風の個室で外から鍵はかからない）が大体六〜八床くらいあって、そのベッドで対応する。そして回復のためのプログラムを一緒に作っていく。精神病院が中心であったこととは全く違う意味での中心なのです。

二四時間オープンの精神保健センターというのは、単に開いている時間が長いというのではなくて、そこはまさに、生活の場所です。地域がその場所に入り込んでいるのです。

もちろん、病気も関わってきます。しかし、人は二四時間ずっと病気であるわけではない。病気と同時に健康でもあるわけです。だからこそ、ネガティブなものを対象にして介入するということではなくて、人がもっているポジティブなものにも働きかけながら、仕事をすることになるのです。

あなたは「病院化」と「歓待」のどちらを選ぶか

精神保健センターは生活とか地域とかが入ってくる場所ですが、具体的には、非常にシンプルなことの積み重ねで成り立っています。例えば、クライシスで一週間そこに泊まっている人のベッドのあるスペースと、毎日センターに通ってくる人がいるスペースを分けていません。あるいは、利用者のスペースとスタッフのスペースも分けない。そのことによって、利用者とスタッフとの間のバリアを減らしていく。センターのドアも常に外に開いている。ドアは街の道に面したところにあって、二四時間開いています。

出て行かないように鍵をかけるのではなくて、そこに人が一緒に寄り添うことで出て行かないようにする。人間がそこにいて、人間が付き添う、という形で仕事をするわけです。

ミーティングだけではありません。日常性が入り込んだこういう場所で、利用者の人生の歴史、あるいはその人がなぜ調子が悪いのか、ということの意味、それをみんなで共有していく。そういう意味でのチームです。重要なのは、利用者本人が、自分が何をしたいか、自分がどうしたいか、ということをちゃんと言える場所であること。でもそれは、単にその人の希望がそのまま叶えられるということではなくて、他のスタッフも含めて、様々な人たちの意見や見方が重ね合わ

病院化 ospedalizzazione	歓待 ospitalità
• 施設の規則	• フレキシブルで共有された規則
• 施設化された時間	• 利用者のニーズに即した時間
• 施設化された関係性	• インフォーマルな関係性
• 急性期は日常生活から切り離されている	• クライシス（危機）の中心性
• 患者という役割	• 全体性としての人間
• 社会的ネットワークからのインプットは最小限	• 社会的ネットワークから切り離されない
• 鍵を閉める・拘束・隔離室・暴力を避けるのは困難	• 鍵は閉めない
• 病気／症状パラダイム	• 危機／人生の出来事／問題パラダイム

された、いろいろ交渉されて、具体的にどういうふうに何をやっていくのか、ということが、集約されていくわけです。

　ここに、「病院化」「歓待」とありますが、イタリア語だとこれ、「オスペダリッザツィオーネ」と「オスピタリタ」になります。語源は同じです。非常に似た言葉なのでコントラストがわかりやすいんです。「オスピテ」というのはイタリア語で「お客さん」です。客を自分の家に迎える歓待の場所、それが精神保健センターです。それに対して病院は、病院特有の空間、場所の在り方、施設としての規則とか、儀式化・標準化された時間表とかがあって、利用者はそれに縛られます。

　歓待の場としての精神保健センターは、病院とは対照的です。自分の家にお客さんを迎えるときを考えてください。お客さんにこちらが「何が必要ですか」と聞くわけで、お客さんに「ここではこういう決まりになっていますから」とは言いません。精神保健センターのスタッフが「客のニーズに向かって動く場所」なのです。

精神病院を中心としたシステムだと、閉鎖空間であるとか、拘束や隔離、暴力、そういうことは、施設のメカニズムとして避けるのが難しい。これに対して「歓待」の場は違います。

この対比を言い換えると、「病気の症状」というパラダイムが精神病院側のロジックであるのに対して、歓待の場としての精神保健センターでは「症状」ではなくて「人生の危機」がパラダイムです。人生の中の出来事、問題、苦しみ、経験、苦労が主題になります。

「要するに精神保健センターは救急外来の場所でしょ」とよく言われますが、そうではありません。プレザ・イン・カリコ（presa in carico）とイタリア語では言うんですが、「荷物を背負う」という意味です。センターのスタッフが荷物を背負う、責任をもってサポートをする場所なのです。

センターは家族の苦しみの経験も聞く

では危機、クライシスに対して、どのように具体的に対応しているのか。

重要なのは、クライシス、危機をチャンスととらえることです。危機においてこそ、普段は見えない様々な対立とか矛盾とかが、あからさまな形で表に出てきます。関係性とか状況について、最大級の情報を得ることができる絶好の機会なのです。だから、クライシスのときに「急性期だから」といって特別な場所に連れていくんじゃなくて、苦しみ、危機が本人にとってどういう意味があるのか、それはどういったニーズを表明しているのか、ということを聞けるチャンスなのです。クライシスをセンターで受け止めることが、信頼関係を築いていく最初の良い機会になります。

危機に陥った人々は、往々にして、社会的に孤立しています。そこで、苦しみの経験に耳を傾けるということによって、もう一度、その人の周りにネットワークを築いていくということが重要になります。

どんなセラピーをするか、サイコセラピーをするか、ということを考えるより前に、まず、ちゃんと人間関係を築くことです。当事者が失った様々な関係性のネットワークを、再び築いていく。この関係性のネットワークを再び築いていくというときに、とりわけ重要になってくるのが、家族の存在です。家族が積極的に自覚をもって参加して、いろんなネゴシエーションにも入っていく、異なる様々な視点を媒介するような場に入っていく、ということが非常に重要になります。

苦しんでいる本人の声を聞くことが大事なのは言うまでもないけれど、特に近年、我々が重要だと思っているのは、苦しむ本人のそのそばにいる家族の苦しみの経験も聞いて社会化することです。家族が責任を共有することによって、新たに起きたクライシスにも極めて有効な形で対応できることになります。

このように、きちんと声を聞く、というところから始まって、信頼関係をつくる、そして責任を一人にだけに担わせるのではなくて皆で共有していく。それで、この地域での精神保健サービスが機能するのです。

「ニーズに対応する」ということは、住むところとか、食べ物とか、生活していくためのお金とか、お金の管理とか、自分の服とか自分自身の体や状態に対する配慮とか、余暇の時間をどう過ごすかとかに、様々なリソースを使いながら対応していくということです。

これらを通して、苦しんでいる本人の人生が変わっていく、ある安定した関係性というものを築き上げていく。そのことによって、本人が自分の潜在的な能力、潜在的な可能性に対する自信を、徐々に取り戻していきます。

こういったこと全てが、地域精神保健の仕事なのです。

えらく大変な感じではありますが、地域の様々なサービス、他の様々なリソースがあるわけですから、そういうものを駆使します。例えば、スポーツをするクラブがあります。芸術的な表現活動、演劇活動、音楽を一緒にやるアソシエーションがあります。そういうものと連動しながら仕事をしていくことになります。あるいは、女性のアソシエーションというものがトリエステにはあります。女性特有の問題を抱えてる利用者は、関わってもらいます。例えば展覧会を美術館でやるとか、あるいは女性のアソシエーション・グループで運営しているアパートに一緒に住むとか、やっていくわけです。

英語では「リカバリー」という言い方が最近されます。様々な社会的な次元を含んだ形での回復、リカバリーというものがあるということが、おわかりになると思います。

強制治療（入院）は一年間に二〇件

トリエステには「個人化された治療の回復プログラム」というのがあって、それに対する予算がつきます。それぞれの人の個別化されたニーズに直接対応して使えるようなお金です。住むところであるとか、仕事であるとか、いろいろな社会的な活動に対して自由にお金が使える、そんな予算なのです。

精神病院をなくして三五年が経ちますが、単に精神病院をなくして、それに代わる地域の精神保健サービスができた、というわけではない。イタリア全体では一九七八年の法律一八〇号から二〇年以上かかって、イタリア全土の精神病院が閉鎖されましたが、そこにはいろいろな苦労や問題がありました。

精神病院を閉鎖して、そのあと何が起こったのか、具体的に何をしたのか。それはそれぞれの地域で違いますが、例えばトリエステの場合は、今言ったようなやり方で強制治療もできる限り減らした、もう本当に最後の最後の手段としてしか「強制」を使わない。今、トリエステ県全体で二四万五千人が住んでいますが、そこで一年間に強制治療（入院）は二〇件です。この入院は、とどめ置かれる期間が平均で一〇日間くらいです。先ほど出てきた、社会協同組合がトリエステで生まれましたが、そこでは、今六百人の利用者が働いています。

過去二〇年間で自殺率は半分以下に減りました。トリエステからの司法精神病院送りは、今やゼロです。

べてるの家の当事者研究が面白い

こういうトリエステのやり方がＷＨＯでも認められて、一九七〇年代からパイロットプログラムが始まった。一九八七年になると正式に、ＷＨＯメンタルヘルス調査研修コラボレイティングセンターになった。ＷＨＯのこのセンターはトリエステのやり方で、世界の脱施設化のプロセスを支援していきます。そのための研究や教育が行われています。

ではシステムの全体を変えるにはどうしたらいいか。

まず重要なことは、人間というものが非常に大きな潜在力をもっていることを認めることです。

イタリアはバザーリアの改革、ということが言われます。けれども、バザーリアが改革したわけではない。バザーリア自身は「狂人たちの力がなければ、何も変えられなかったんだ」と言います。その潜在力というものがいかに大きいかということを認識することが非常に重要です。しかし同時に、人間だけで十分だと考えてしまうと、それはまた一つのイデオロギーに陥ってしまうことになります。

人間を中心としたシステム、制度というものに変えていくわけですけれども、しかし、ある制度を変えるだけでは、全てが変わるものではない。人間の周りに様々な人のネットワークというものを築き、様々な人を巻き込んで、そこに文字どおりの意味での「コミュニティ」というものを築いていく、一緒にやっていく、ということが必要になります。

日本にも世界にも、いろいろ様々な興味深い試みありますが、しばしばそれは孤立している。面白いことをやっているのだけれど、それが他につながっていかない。そんなことはよくあります。

昨日、池袋で行われた当事者研究全国交流集会に参加し、浦河（北海道）べてるの家の活動に非常に強い印象を受けました。「べてる」の当事者研究のやり方が、今、日本内外でいろんなところに伝染しているようです。そのように、具体的な実践を変えていくこと、考え方を変えていくこと、制度を変えること、この三つが一緒になって絡み合いながら進んでいくことによって、初めてシステム全体をリアルに変えていくことが現実的に可能になるのです。

ご清聴、ありがとうございました。

（以下、質疑応答）

質問者1　僕自身は昔の名前で言えば精神分裂病で、東大の赤レンガ系の病院、東大の近くにある病院に一年間入院しました。僕が一年で入院生活が済んだのは、医者の言うことを聞き、医療従事者の言うことを聞いて、したくもないのに従順になって、それで初めて退院ができるということを知ったからなんです。一つひとつ小さなことに反発していると、いつまでたっても退院できない。また、グループホームに二年間いなければ、地域に出れない。そこでまたルール、ルール、ルールで縛り付けられる。それが日本です。イタリアでは、患者会という存在があるのかどうか。あるのであれば、患者会の活動が今現在どういう形で進められているのか。利用者の力がなければ、バザーリアの改革は何の意味もないんだ、と言われたと思うんです。患者会、あるいは、患者のグループ活動がどういった形で、バザーリアの改革の中に取り込まれているか、お聞きしたいと思います。

イタリアの入院平均日数は一〇日間

ロベルト　イタリアでは、いわゆる患者会といいますか、当事者のアソシエーションというのは、割と近年になってできたんです。どうしてかというと、精神病院を解体していく過程で、入院患者は、自分の人生を自分の手に取り戻したいという思いがあり、スタッフの側にも今までの精神医療システムを何とかして変えたい、という思いがあり、両者はより連帯的な関係を築くことになった。特にトリエステの場合は、両者が協力しながら進んでいった。法律一八〇号が、それを制度的に保障した。それで、ドラマチックな対立構造とは違う地平が拓かれた。今日の当事者のアソシエーションというのは、より自立的なポジションを求めるわけですけれども、対立構造の中で自分たちの権利を強く主張するという形よりは、一緒にコラボレートしながら変えていく、という側面のほうが強いと言えます。

「患者会」とおっしゃいましたけれども、その場合は、グループをつくるアイデンティティが「患者」というアイデンティティです。けれどもイタリアの場合は、法律一八〇号が患者としてのキャリア、患者としてのアイデンティティを強く保持することができないような法律だった。つまり強制入院させて、そこに長くとどめ置かれると、「患者」がアイデンティティになるけれども、イタリアの今の入院平均日数は一〇日間です。そうすると、患者としてのキャリア、患者としてのアイデンティティでグループをつくるというよりは、人生全体の中で一緒にやっていく、という考え方のほうが強くなる。それは、法律一八〇号のおかげだと思います。

質問者1　もう一つの質問は保安処分施設の問題です。先ほどの話では、トリエステでは、司法精神病院送りがゼロだそうです。強制医療、強制治療、あるいは強制入院制度をなくそうという取り組みは、どのように今進んでいるのでしょうか。

ロベルト　これは非常に重要な問題です。イタリアで、その司法精神病院をなくすための運動が今まさに行われている。保安処分とおっしゃいましたけれども、そこは社会が委ねていた役割、つまり治療と保安という二重の役割を担う場所として、司法精神病院があります。治療と保安という二重の論理を現実化する場所としての司法精神病院そのものをなくしたい、何か特別な保安のための場所というのではないようにしたい、という運動です。

市民それぞれが皆それぞれ違っていて多様性があるわけですけれども、それに対応できるような仕組みを我々は求めている。司法精神病院をなくすというのは、先ほどから話してきた論理と同じ延長上にある、ということです。

質問者2　本日の話を聞いて、日本って後進国なんだな、と実感させられました。ロベルトさんから見て、今の日本が、今のイタリアのような環境になるには、あとどのくらい期間がかかるか（会場　爆笑）、それを聞きたいと思います。

ロベルト　わからない、というのが答えです（会場　笑い）。もちろん多少は日本の状況について聞いてます。病院を中心としたシステムらしいです。それを変えていくためには、病院の機能を違う方向に向けることが重要です。それは、精神医療従事者だけでできるわけではない。ちゃんと社会の方向性を指し示せるような政治家とのコラボレーションが、どうしても必要になります。

精神医療は、良い意味でも悪い意味でも、何らかの形で政治的な機能を常に担ってきました。それは例えば、旧ソ連における精神病院の役割を見てもらえばわかると思いますけれども、いずれにせよ、日本の場合、民間病院がほとんどだとしても、政治家が政策の方向性をはっきりと示して、いきなり病院をなくすというのではなくても、病院の機能を地域のニーズに応えていく方向に変えていくことができるんじゃないか、というのが僕の答えです。

質問者3　丸山眞男手帖の会の者です。私自身、……（聴き取れず。長い入院の経験をおもちのよう）発達障害を発症してしまったんですけど、日本の司法とか警察の方で、十分に対応してもらえないんですよね。警察の方って医学知識がほとんどないんです。それで右往左往している。警察とか司法の改革、イタリアはどうなっているんでしょうか。

暴力は人間的な要因で起こる

ロベルト　先ほどクライシス、危機の状況においても、精神保健センターのスタッフが責任をもって立ち会う、という話をしました。例えば、暴力を伴うような事件が起こったときにも、同じことです。トリエステでは、もちろん警察も来ますが、警察だけに任せない、というのがポイントです。警察が来たとき、あるいは逆に、一般用の救急が来る場合もあるかもしれないけれど、そこだけに任せるんじゃなくて、その時に地域精神保健のスタッフも一緒に行く。そうじゃないと、往々にして警官も精神保健に関する知識がなかったりするので、精神保健のスタッフもその状況の責任をもつのです。それだけではない。トリエステでは、警察と一緒に研修を行ってきた。重要なのは、そういう場面で仕事をする警官たちの声を聞く、ということです。彼らがどういうふうに感じるのか、そこでどういう問題があるのか聞く。それを通して、なぜ暴力的な事件が起こったのか、なぜ暴力が使用されるのか、を理解するわけです。

そういう出来事は、必ず人間的な要因で起こるのであって、決して病気が原因で暴力的な振舞いをするわけではない。病気というのはある意味、その結果ではあるかもしれないけど、要因ではない。まあ、そのようにして、出来事の意味というものを理解することによって、暴力的な事件だから警察が自動的に対応する、というのではない別のやり方を一緒につくっていく。それをトリエステではやっています。

質問者4　精神障害者の一人です。今年の夏にシチリアの真ん中のカルタジローネというところで、ドクターにとても親切に案内をしていただきました。ただ最初の質問と関係するんですが、私が案内していただいたグループホームは、私の感覚で見ると、特に私立の治療共同体というところは、小さな病院としか見えなかったんです。トリエステでは、病院の入院日数は非常に短いそうですが、グループホームというのは、それぞれどれくらい皆さんいらっしゃる、というか、住まいとしてずっとそこに住むという想定なのか、あるいは通過するという想定なんでしょうか。

ロベルト　カルタジローネの地域精神保健サービスというのは、イタリアの中でも良いとされている地域精神保健サービスの一つではあるのですが、ただ問題なのは、まさにおっしゃったような、治療共同体の形の居住型施設が多いことです。こういった形の居住型施設は、当然、簡単にミニ精神病院になってしまいます。

トリエステでは、最初からあくまで地域でのサービスというものを基本において、居住施設はできるだけ少なくしよう、ということで始めた。もちろん地域で生きるというときに、住む場所が必要だというニーズがありますので、そのためにトリエステでも集団で住むグループホームみたいなところがもちろんあります。けれども、それはあくまで、人々が進化して最終的には自分でアパートを借りて住む、というところに至るまでの場所として機能しているのです。ケア付きの居住型施設というのは、それだけで解決になるわけではない。他のサービス、ネットワークがその周りに築かれない限り、それ自体が解決になることはあり得ません。

質問者5　「責任の共有を伴った信頼関係」という言葉が多用されていたと思うんですが、信頼関係を築くには、まあ精神保健福祉士の言葉では、ストレングス志向なんていう言い方もありますけれども、倫理の言葉で言うと、圧倒的に性善説の存在が必要となると思うんですね。「歓待と病院化」というイタリア語での類似した言葉で対比がありましたが、日本の精神医療は、つまり、病気にかかっているから、患者さんは誰かを傷付けてしまうかもしれない、病気にかかっているから自殺してしまうかもしれない、だから管理し拘束しなければならない、というようなことを考えていると思うんですね。

日本の厚労省とか精神科病院の医師たちは、「もし患者が傷害事件を起こしてしまったらどうするんだ」「自殺してしまったらどうするんだ」「最悪の事態が起こったときにどう責任をとるんだ」というようなことを言ってくると思うんです。そういう「最悪の事態」を恐れる気持ちと、どう闘っていけばいいのかお聞きします。

トリエステは市民と患者の双方の恐れを克服

ロベルト　非常に複雑な問いですけれども、問題は、人間が本性として善であるか悪であるかではなくて、例えば精神病院という閉鎖的隔離的な施設の中で、病人としてとらえられることによって、その苦しみが別のものに変容させられていく、ということが問題なわけです。それはもちろん精神病院だけではない。例えば刑務所などの施設、トータル・インスティテューション（註：ゴッフマンの提唱する全制施設）に関する様々な研究があると思いますけれども、人間が苦しむということが、そういう施設の中で、別のものに変容してしまうということが問題なわけです。

つまり、病気というものがそのものとしてあって、それに対して対応する場所ということではなくて、その対応するとされている場所自体が、実態を変えていくわけです。だからこそ、苦しみに対する、病院とは違う応答の仕方を可能にする条件とか、場所とか、環境というものを、我々はつくろうとしてきたわけです。

トリエステでも、精神病院があった時代には、精神病というとてもひどい現象があると皆思っていた。昔はそれがまさに病気だと皆が思っていた、そう考えていた現象自体が、今のトリエステでは見られなくなっている。フランコ・ロテッリという、私の前の前の精神保健局長でバザーリアの一番弟子だった人（第二章参照）ですけれども、彼は言いました。「結局のところ、我々がやった仕事というのは、『恐れ』というものに勝つ、恐れを克服する、ということだったんじゃないか」と。

恐れというのは、患者さんの中にある恐れだし、社会の側の恐れだし、スタッフの側の恐れだし、市民の側の恐れです。つまり、今の日本のシステムも、「恐れ」に基づいていろんなシステムがつくられているわけです。その恐れを克服する、それが我々のやったことではないか、というのが、ロテッリの言葉です。

質問者5　ありがとうございました。

伊藤　トリエステでは病気・症状というパラダイムが、「人生の出来事の中の一つの危機」としてとらえるパラダイムに替わった。そして市民も変わった。本当に大きなパラダイムシフトといいますか、大きな流れの動きがあったように思います。

大熊　実は、ロベルトは偶然に日本にやってきて、ここで話しているわけではありません。我々がわざわざお呼びしたのです。日本は明らかに、精神病院に頼りきった国です。これはおかしい、と、私は四〇年以上前から思い続けて、でも状況は全然変わりません。これを何とか打ち破りたい。フランコ・ロテッリ初代精神保健局長は「トリエステは恐れを克服した」と語ったそうですが、これは名言です。トリエステでは、社会に対する患者の側の恐れ、患者に対する社会の側の恐れを乗り越えて、今日の段階に来た。しかし日本は、まだまだその域に達していない。解決も見えません。

これを何とかしなきゃ、と思って、ついにトリエステの最高責任者でＷＨＯの地域精神保健サービスを世界に普及させる責任者を兼ねているロベルトを招聘することができました。今日の大砲の一発では風穴は開きませんが、道筋は、はっきりしましたね。

オスペダリッザツィオーネ、つまり「病院化」。オスピタリタ、つまり「歓待」。精神病院で人生を踏みにじられたいのか、オープンドアの地域精神保健センターで歓待されたいのか、日本人はどっちを選ぶんだ、とロベルトは私たちに迫ってきたように感じました。

そして最後にわかりやすい回答があった。患者の社会への「恐れ」、社会の患者への「恐れ」の両方の克服です。精神病院はこの種の「恐れ」を再生産することはあっても、なくすことはできないと僕は思ってきました。

トリエステは、精神病院に代えて地域精神保健サービスを充実させることで、トリエステ市民が気軽にサービスを利用できるようになった。クライシスの人も精神保健センターで歓待されるようになった。精神病院をなくして、地域精神保健サービスを実践して、もう三〇年以上たって、ついに「恐れが消えた」と言えるまでになった。

何でこれが日本でできないのかって、ロベルトに聞いた方がいますが、ロベルトが答えられるわけがない。これは、我々日本人が決めなきゃいけないことです。でも、ロベルトはヒントを言いました。社会の方向性を決めるのは政治家だ、と。

この問題は闘わないと扉が開かない。ということで最後に、かつてトリエステのバザーリアのもとで働いた社会学者マリアグラツィア・ジャンニケッダ（註：サッサリ大学教授）から教わったドイツの劇作家ブレヒトの名言（イタリア語版）を皆さんにおすそ分けして、講演会を締めくくりたいと思います。

Chi lotta può perdere, chi non lotta ha già perso
闘う者は負けるかもしれない。しかし、闘わない者はすでに負けているのだ。

【以下は、大阪会場】

とにかく信頼関係を築くことが肝心

大熊　ロベルトご本人への質問に移ります。三つにまとめます。

「自分をコントロールできない、暴力が止まらない方が、センターでの対応で、うまくいっているんでしょうか？」「支援を拒否し幻覚妄想状態になっておられる方がいると思いますけど、これをどうやっているのですか？」「急性期で治療も投薬も拒否されている人にどんな支援の方法があるのですか？」

つまり、手に余る人がトリエステにもいるでしょう、どうしているんですか、というご質問ですね。

ロベルト　もちろん、それはクライシスの状況の場合だと思いますけど、精神保健センターには、非常に混乱した状態で運ばれてくる場合があります。これは、本人にしてみても、恐れとか不安が非常に高まってる状態です。したがって、まず最初の数日間、こちらも注意深くやることは、不信感、恐れをいかになくしていくか、です。

そういう方に対しては、小さなチーム、普通は医師と心理士と看護師とか他のスタッフから構成される小さなチームが付きます。小さな地域なので、既に顔見知りなスタッフがいるわけです。その人が継続的にそばにつくことになります。

段々と落ち着いてくるのをサポートすると同時に、最初は難しいかもしれませんけども、徐々に、「なんでクライシスに至ったのか」を話し合うようにします。

人がしばしば混乱状態に陥ったり、非常に攻撃的になったりする背後には、その人のニーズとかその人の声が他の人に届いていないという状況があります。人は言葉の代わりに攻撃的な行動で表現したりするわけです。逆に言うと、自分について聞いてくれていると、攻撃的行動が減少する傾向にあります。

トリエステの精神保健センターのように、「声を聞く」「人の経験を聞く」ということがオーガナイズされている場所では、非常に緊張度の高い振る舞いの利用者に出会うことは、極めて稀です。三年に一人くらいではないでしょうか。

重要なのは、このケアを受けるということに同意してもらう関係性をつくるということ。ほとんどの場合、自分はこんなところにいたくない、こんなところで治療を受けたくない、と拒絶されるところから、我々の仕事は始まるのです。

精神保健センターでのケアなんて必要ない、受けたくないという場合には、「どこに行きたいの?」とか「誰に会いたいの?」となります。家族に会いたい、友達に会いたいというなら、呼んできます。自分のウォークマンが必要だ、となれば、じゃあウォークマン持ってきましょうか、となります。あるいは逆に一緒に車で家に行きましょう、とかになります。話し合って、かつダイナミックに動くことによって、治療法に対する抵抗は弱まっていきます。

当然クライシス状況の本人もスタッフもボランティアも、センターから出たり入ったりしながら仕事をする。クライシスだからといって、センターという場所に釘付けになることはありません。

こういう、小さいかもしれないけどたくさんの行為を積み重ねることによって、例えば家族も巻き込んで、互いの信頼関係をつくりあげていくことによって、精神保健センターでケアを受けるということに対する抵抗は軽減します。攻撃的な振る舞いをなくしていく効果もあります。

クライシスであろうがなかろうが、精神保健センターに来る全ての利用者のニーズに対応して、それが満足されるように仕事をする。これは、ごくシンプルなやり方です。

こういう仕事の仕方が、イタリアのどこでも行われているわけではありません。最小限の治療をして拒否とか抵抗にあうと、すぐに強制入院の手続きをとって総合病院の精神科のベッドに収容してしまうことが、イタリアでもしばしば行われます。

しかし、トリエステの場合ですと、先ほども言いましたけれども、クライシスの状況、患者も職員も、どちらの側も非常に不安で不安定な、ある意味境界的なゾーンにおいて、とにかく信頼関係をつくるということが、その後のケアにも決定的に重要になると考えています。長い説明でごめんなさい。

第5章

クライシスを地域精神保健サービスの中心に

ロベルト・メッツィーナ
（2015年　東京）

トリエステ精神保健局長と日本の精神科医50人の対話（2015年、東京大学にて）

それは成長と学びをもたらす好機

コンニチワ、アリガトウ。再び日本に来てお話しできることを非常に嬉しく思っております。今日は、トリエステ精神保健の長年の経験の中でクライシス対応をどう組織化してきたか、地域の中でどう対応してきたかをお話しします。

精神科的な意味でのクライシスというのは、何かそれ自体としてあるのではなくて、あくまで社会的なシステムの中で複雑な形でつくられたもの、と我々は考えます。ネガティブで、何か特別な場所に隔離しなければならないような事態を招くものではなくて、一つのチャンスなのです。それは広い意味の成長をもたらしたりするもの、建設的なもの、なのです。

好機と考えると、人生のどんな時期でも、成長と学びをもたらす建設的で永続的な変化の時となります。好循環の螺旋運動のはじまりです。

トリエステの我々にとって、クライシスは精神保健ケアの核です。クライシスは、資源を増やします。その人の周りに情報や知識を増やします。サービスにおけるコミュニケーションを増やします。

社会精神医学の領域で、特に一九六〇年代、七〇年代に、クライシスについての理論が深められました。それによれば、クライシスは「学びの機会」であって、その後の好循環のきっかけになります。大事なのは、本人の力が維持された状態でありつづけること。そうすれば、好循環が始まり、社会からはじき出されることもありません。

クライシスをネガティブに見る人々は、クライシスを一つのリスクと考えます。クライシスを疾患そのものと同一視するところから、そういった考え方が出てくるのだと思います。

本人が「自分は精神科の患者」という自己認識になってしまうと、「終わりのない悪循環」が始まってしまう。社会的なつながりの中で社会契約を行う主体としての力も損なってしまうのです。

精神保健局は社会的な排除を行わない

クライシスへの地域サービスを病院の代替と考えると、ポジティブが部分的になってしまいます。そこでは、対応できる人とそうではない人を選り分けるということが行われて、対応できない患者さんは、結局、最悪な場合には精神病院への入院となります。

したがって重要なのは、精神病院でやるか地域サービスをやるか、ではなくて、より長い目で見たケア・プロジェクトとして、クライシス問題を位置付けるということです。そのためには、単に病気の治療という対応ではなくて、クライシスの背後にある複雑性、様々な重層的な要因に対応するような、より広いビジョンというものが必要になってきます。

医療還元主義的な、あるいは実証主義的なビジョンに立つ限り、クライシスにおいて本人が体験しているもの、経験そのものの複雑性とか、相対的な意味といったことをとらえることはできません。

なので、よりトータルな視点、より人間的な視点というものが、必要になります。すると精神保健局は、社会的な排除を行うのではなくて、逆に市民としての権利や力をより促進するような形でサービスを行うことになります。こうしたビジョンにおいては、単に諸々のサービスの間のコーディネーターという役割にとどまらず、本人と地域とをつないで、そこに新たな協力関係をつくり出すという仕事も、重要になってきます。

ウェイティングリストは存在しない

ここから、地域精神保健のいくつかの原則が引き出されてきます。

地域社会の精神保健は、公衆衛生的視点からも責任をもつということが大事です。市民の求めに対して能動的に関わって、より積極的にケアを展開することが大事です。精神保健センターを造ったとしても、そこに座って患者さんが来るのを待っているのではなくて、こちらから働きかけていくことが大事です。クライシスに地域の中で対応するということが原則になれば、社会的なケアと臨床的医療的なケアのリソースを有機的に統合させる多職種のチームというものが重要になります。

精神保健局は、そのキャッチメント・エリアの区域にとって、精神保健に関する唯一のサービス機関です。そこから別のところに任せるような、別のサービスや別の施設は存在しません。イタリアのキャッチメント・エリアは大体住民五万人から六万人です（註：地域精神保健センターが五〜六万人に一つあるということ）。このエリアの精神保健サービスに関わる利用者については、この当該地区のスタッフが、その全員を直接知っているということが、大変重要です。

精神保健サービスが地域に唯一のものとしてあるということは、その地域のすべての市民に対して開かれていて、アクセス可能だということです。だから、あなたはうちで受け入れます、あなたは無理です、といったフィルターは一切かけない。サービスを必要としてる全ての人に例外なしに対応するということです。ウェイティングリストは存在しません。

すると、一種のチャンスであるクライシスは、エンジンになります。クライシスがあることによってその問題を抱えている人の周囲に様々なリソースとかコミュニケーションが増大していく、クライシスをきっかけにそれが促進されていく、ということです。

こういう形での仕事は、ばらばらの専門職ではできませんから、チームとしてトータルに対応します。チームは毎日ミーティングを行います。ミーティングの一番最初に、クライシスの状況にある利用者のことが話し合われます。

このチームは、職種が複数というだけではなくて、様々な分野、横断的なチームです。もちろん医療サービスだけではなくて、地域の福祉サービスとか他のリソースとかも使われます。こうして、利用者が置かれている状況や問題について、より包括的な理解が構築されていきます。

このミーティングは非常に重要です。ミーティングは地域で働く人たちの教育やトレーニングの場所にもなります。継続的なトレーニングです。

最終的な責任は精神科医が負う

今日は精神科医の方も多く来られていますけれども、地域精神保健では精神科医の役割というものが当然変わります。精神科医はヒエラルキーのトップにあって垂直的に何か司令するという役割ではなくて、より水平的なチームの中のリーダーになります。

管理者というと、なんか上から管理するみたいですが、そうではなくてチームマネージャー兼チームリーダーです。

ここでは「自分のケース」という形で私有しません。情報はチームで共有します。同時に、精神科医としての権力というものも、他のチームのメンバーに移譲していきます。ただし、最終的な責任というものを精神科医が負う、「私が責任を負うのであなたたちは安心してやりなさい」という、そういう役割が精神科医にはあります。

昨日の晩に、トリエステからメールがあって、ある男性が健康を損ねて、医師の診断は肺がんだったんですけれども、それを知って手術したわけですが、実際には肺がんではなかった。そのことでさらに健康を損なってしまった。で、この医療に対して非常に不信感を抱いて問題が起きている、というメールでした。

彼は働けなくなって、借金もかさんだ。最近になって、医者とか市の責任者、市長とか司法の責任者に対して脅迫する手紙を送り始めた。

警察から連絡があって「これはおそらく精神疾患をもっているケースだと思うので、精神保健サービスで対処してくれ」と言われました。

トリエステの精神保健サービスのスタッフが行って、本人と話したり彼の医師と話したり弁護士と話したりした。けれども、本人は精神保健サービスを利用することを拒否する。

弁護士同席で二回、彼と精神保健センターのスタッフが話をした。非常に太っていて、もし強制治療を発動すると、感情的なショックで入院に関わるような心臓発作を起こすかもしれない。今トリエステの精神保健局では、彼に対して何ができるか模索しているところです。

つまり、短絡的に強制入院させるというのではなくて、周囲に対するリスクにも気を使い、じゃあ彼をどういう形でサポートできるかということを話し合っているわけです。

彼はどのような精神疾患で精神科の診断歴があるかということについて、我々は全く知りません。重要なことは、彼にどういう精神科の診断名があるかではなくて、この彼自身と市サービスと精神保健サービスのもつれた状況を、どう解きほぐしていくかを問題にするのです。

そこで問われるべき最も重要な問いは、「なぜ」です。「なぜ彼はこういう振る舞いをしているのか」です。それはもしかすると、彼自身の抱えている苦しみを他の人にもわかってほしいということかもしれない。

脅迫の対象になっているトリエステ市長にもコンタクトをとって、本人と市長を直接会わせて話し合う機会を設けるという可能性も排除しません。

あるいは、市長と直接話し合うということが問題の本質なのではなくて、もしかすると経済的なサポートを行うということが彼にとってはより重要なことかもしれない。そうすると例えば社会協同組合などのリソースがありますので、その社会協同組合のほうから、彼にアプローチするということも考えられます。

今、彼自身の存在価値というものがどんどん下がっていっているので、そこにストップをかけて、再び社会的な役割を通して自分の存在価値というものを見出せるようなサポートを見つけようとしているところです。

おそらく薬を含めた精神科の治療というものも、必要になるとは思います。けれども重要なのは、彼の社会的な主体としての力というものを取り去るのではなくて、それを回復・強化する形で行う必要があるのです。

そこにおける治療というものは、症状を少なくする、あるいは消すというところにあるのではない。その人生における可能性というものを提供できるようにする、というところに主眼が置かれます。

これもまた我々精神保健局の仕事です。単にクライシスセンターでクライシスのところだけ対処しているというわけではなくて、彼の未来も含めて我々は仕事をしている。彼の未来は我々の未来でもあるのです。

こういう形で精神保健センターは、問題を抱えた人を中心に、それを囲むように一緒に働くわけです。ある意味いわば集合的な心、精神というものを体現すると言ってもいいかもしれません。ここで肝心なのは、疾患ベースのサービスではなくて、「価値をベースにしたサービス」です。その価値とは、本人が市民として生きる、ということです。そういう意味での価値がサポートのベースに置かれているのです。

先ほどのケースで言いますと、例えば市長とかあるいは検事とかと話すことは、この地域社会の意識や態度を変えるという仕事にもなってきます。つまり、彼は単に頭のおかしい狂人だということではなくて、その背後には彼の人生の苦しみの歴史というものがあるのであって、そのことを理解してもらうことを通して、この精神疾患という概念を変えていく仕事を我々は行っているわけです。

センターは複数の目的と複数の機能をもった基地

この仕事において拠点となるのは精神保健センターです。そこには様々な職種のスタッフが三五名くらい働いていて、トリエステの場合は二四時間オープンです。ベッドもあります。一泊とか数泊、クライシスの人を泊めるということも可能です。

一九七一年には県立マニコミオ（精神病院）に一二〇〇床があったのを、段階的に縮小して、

バルコーラ精神保健センター

いつでも避難場所として使える、閉じ込めの絶対にない洒落た個室

一九八〇年に完全に廃止しました。その代わり、二〇一五年の今日、精神病院とは異なる性格のベッドが六七床あります。内訳ですが、二六床は二四時間いつでも利用可能な精神保健センターに設置されていますし、六床が総合病院の急性期治療用ベッドです。これらのベッドの占有率は七〇%です。他に、三五床がグループホームにあります。

そういう意味で、精神保健センターは救急センターではなくて、ベッドがあって一時的に休息できる、そういう場所になっているのです。「病院のようなもの」と言えなくもないですが、「病院」というよりは「家」です。

精神保健センターは、夜の宿を提供するというだけではありません。複数の目的、複数の機能をもった地域精神保健の基地になっています。

重要なのは、精神保健センターの雰囲気です。そこはまさに家のような居心地の良い場所であるということが第一条件ですし、そこで様々な関係性が促進される、そういう場所である必要があるのです。だから、スタッフは利用者の様々な声に注意深く耳を傾ける、そういう構えがなければなりません。

重要なのは、この多職種チームが様々な機能を日々ローテーションしながら行うということです。なので精神保健センターの内とか外とかという区別はありません。内でも外でも毎日ローテーションしながら働くのです。

例えば、ファーストコンタクトの場所がその利用者の家だとしても、その後精神保健センターに通ってきてもらって話をする、精神保健センターに来なくなった後もたまに家に行って話をするという形で、内、外を通じて継続する、そういう形をとります。

関係性を継続するということが非常に重要です。関係性を継続する中で、その人やその人の生

センター受付のさりげないたたずまい

きるコンテクストについての知識が増えていく。その知識は信頼を醸成するのに役立ちます。

二四時間オープンのセンターは、朝の八時から夜八時までは家庭医の紹介などなくても直接来てもらえるようになっています。夜間は、総合病院の精神科救急が受ける。ただしそこで家に帰す場合もあるし、一晩だけ病院にいてもらうということもある。

翌朝、センターのスタッフが来て話し合って状況を判断して、家に帰ってもらって訪問でやるか、精神保健センターに通ってもらうかを決めます。こういう形でやることによって救急で来たらそのまま即強制入院、といった自動化された措置を極力避けます。原則はあくまで「話し合う、交渉する」ということ。本人と話し合って合意を取り付けるということが最重要です。

総合病院の中にある病床というのは、その病床を使って入院する場合もあるわけですが、しかし、できるだけ早く地域精神保健サービスに移ってもらいます。

本人と話し合っても説得が叶わず、治療の同意も得られなくて強制治療という手段をとらなくてはいけない場合もありますが、トリエステではこの総合病院の中の小さな病床の使用をなるべくやめて、強制治療を精神保健センターで行うという選択肢を私たちは好みます。病院でもセンターでも、当然、ドアは全部オープンなので、だからこそ最大限の注意と配慮が払われることになります。

トリエステの精神保健センターはまさに街の真ん中にあるので、アクセスしやすくなっています。

やっている治療は、基本的には社会精神医学の考えに基づいたものです。そこに何か特別なマジックがあるわけではありません。経口薬による生物学的な治療とかサイコセラピー、あるいは心理教育とか家族に対する介入です。あるいは近隣住民とか職場の雇用者への介入とかです。

もちろん就労支援も含まれます。ピアサポートもあります。娯楽もあります。余暇の時間を使って行う様々な活動、そういう余暇活動のアソシエーションがあります。それも治療装置として大変重要です。

様々なスポーツをするとかそういうアソシエーション以外に、もっと日常的なことですが、一緒にピッツェリアにピッツァを食べに行くピッツァセラピー、……これはジョークですが……一緒にピッツァを食べに行くとかそういうグループもあります。精神保健センターに寝泊まりしている利用者の若者たちも、そこに参加して、一緒にピッツァを食べて、夜センターに戻って寝る、そういうことをやっています。

これはある意味非常に平凡な例ですけれども、しかしそのことによってこの精神科の入院という本人にとっても深刻でドラマティックなイメージというものを崩していく、日常の社会的なつながりの中でドラマティックさを解消していく、そういう意味合いがあるわけです。

ファーストコンタクトは、どんな職種のスタッフでもいいわけです。本人が精神保健センターに来られないときは、センターのスタッフのほうから家に出向いたり、あるいは馴染みのバールでとか、あるいは職場かもしれないし、逆にそういうところが嫌な人は別の場所かもしれませんが、こういうところに出向いていきます。

コンタクトを拒否する人ももちろんいます。そういった場合には、本人をよく知っている仲介者、それは家族かもしれないし、職場の上司かもしれないし、学校の先生かもしれないですけれども、その人と一緒に会うということをします。

逆に家族があまりにもシリアスな状況に巻き込まれている場合は、家族ではないよく知っている第三者、よくあるのはその教区の神父さんと一緒に会うとか、そういうことをすることもあります。

強権的・侵入的でない接触

重要なのは、センターのスタッフが、社会的管理の使者としてではなくて、あなたを手助けするために来た媒介者であるということをわかってもらうようにすることです。

そうした工夫をして、精神科のサービスとのコンタクトという、ある意味重大なインパクトを軽減する様々な工夫をするわけです。電話や手紙を使うこともあります。

そこまでしても状況がエスカレートして強権的な手段を取らざるを得ない場合もあります。ドアをぶち破るようなことを警察とともにすることもあります。しかし、そうせざるを得なくなったとしても、その後でどういうふうに関係を再構築していくかというところに、仕事のポイントはあるのです。

その生活の中の現実的なサポートから始まって、時間をかけて関係性を再構築するのです。その中で本人の同意を獲得する。イタリアの法律は、たとえそれが強制治療の場合であっても、強制治療を発動した後すぐに本人の同意を得るための努力を義務付けています。

本人の家、その生活の地域で行うというところが基本ですが、一時的に距離をとったりしたほうがいいという場合には、精神保健センターの中にあるベッドを使って数日間、例えば「家族から離れてセンターのほうに来ませんか」という形で一時的退避・休息地としてセンターの部屋を使ってもらいます。

ただし、それは精神病院の入院とは違って、隔離状態になってはいません。家族や友人がいつでも訪問できます。本人が精神保健センターに寝泊まりしながら毎日職場に通うということもあります。柔軟です。

クライシスマネジメントの中の鍵と言われる三つの要素をお話しします。どれだけ困難な状況でも、先ほどの「なぜ」ですね、なぜということについて話し合ってその意味を見つけていくということが一つ。二つ目は、本人の周りの「社会的システム」、つまり本人の社会的なつながりというものを切らずに、それを維持した中で行うこと。三つ目が「人と施設」の資源の利用です。本人の周りにある人的なリソース、家族とか職場の人とかアパートの人とか、隣人とか、そういう人的資源や、精神保健サービスという資源の、両方を本人の周囲に導入するということです。

「オープンダイアログ」の原則と同じ

センターのドアはもちろんオープンです。多くの場合、出て行っちゃって家に帰ってしまったりするけれども、そうなっても、また家に行って話をして関係性を継続するということが必要になります。

そこで重要なのは、責任を共有する、分かち合うということ。精神保健センターのスタッフと本人と家族の間で責任を共有するということです。話し合ってどういうふうにやるか、その中でどういうふうに責任を分かち合っていくか、ということが重要です。今日の世界のあちこちでブレークしている「オープンダイアログ・アプローチ」の中でも重要な原則として認められています。それをトリエステでは三〇年前からやっているのです。

その利用者の周りの人的リソースですけれども、中でも特に本人と一番近いところで一番親密な関係を結ぶ人が必ずいるわけで、そのスタッフがケースマネージャーになります。

クライシスへの介入というのは社会的なシステムの全体に対する対応ということにならざるを得ないわけです。そこに参与しながらクライシスの意味を一緒に解釈していくとか、複数の視点を媒介するとか、家族の負担を減らすとか、そういういろいろなことがあります。

いくつかの注目すべき統計グラフがあります。精神保健センターの中のベッドへの入所者の数と日数ですけれども、ベッドを使用するケース数が年々減っています。家とか生活の場所でのアウトリーチ活動のほうにシフトしています。

総合病院の中の精神科病棟への入院ですが、これも減ってきています。この精神科病棟はSPDC（Servizio Psichiatrico di Diagnosi e Cura：診断と看護の精神科サービス）と呼んでいますが、この総合病院の精神科ベッド一に対して精神保健センターのベッドが一〇の利用比率です。つまりあくまで、病院よりセンターが中心なのです。

トリエステでは強制治療（つまり自由の剥奪）は年間平均二五ケースくらいでしょうか。期間は平均一〇日間くらいですが、その一〇日間のうちの半分以上が病院ではなくて、この精神保健センターで行われます。

こういう形で仕事をしてきた結果、病院のSPDCにやって来る利用者も年々減ってきました。私たちのクライシス研究の結論によれば、クライシスを迅速に解決するための決定的な要因の一つは、コミュニティでの様々な介入。もう一つは、信頼に基づいた関係性の確立。この二つが最重要です。

この研究では、重症度と入院との関係についても調べています。イタリアのトリエステ以外の一三の地区での結果ですけれども、重症度と入院治療というものが全く比例対応していません。「重症だから入院」ではないのです。

フリウリ州の精神保健センターはすべて二四時間オープンに

こういう「二四時間オープンの精神保健センター」を基地とした地域精神保健サービスのモデルですけれども、イタリアではトリエステのあるフリウリ＝ヴェネツィア・ジュリア州全体で実現しています。他にはサルデーニャとかカンパーニャとかの州の一部で取り入れられています。けれど、イタリア全地域で行われているわけではありません。

外国では、スウェーデン南部は九〇年代に精神病棟ゼロになりました。ブラジルや英国でも、このイタリアモデルが取り入れられています。

以上の話をおさらいします。

二四時間体制の地域精神保健センターをクライシスセンターと見なしてはいけません。そこは市民への外来サービス機関であると同時に多目的・多機能なデイセンターでもあり、居住施設の一種でもあるのです。そして、地域チームの拠点にもなっています。スタッフは、親しみやすさをモットーとし、利用者の心配事やニーズに柔軟にかつ合理的に対処しています。

夜間は、「一泊のもてなし」を受けるクライシス状況の人を職員が支援します。

クライシス対応体制ですが、夜の八時から朝の八時までは、総合病院の精神科救急が受けますし、医療処置も病院で行います。ただし、病院の入院は原則一晩だけです。「二四時間ルール」があって、入院を続けない代わりに二四時間以内にセンターが対応することになっているのです。

総合病院の精神科救急は、あくまで地域医療サービスの一部で、日常のサービスから分離されたものではありません。夜間に利用者が来た場合には、翌日まで経過を見て、翌日には利用者の住む地域のセンターに紹介することになるのです。

朝八時から夜八時までは、地域精神保健センターへの電話の直接相談は携帯電話を持った当番につながります。形式的な手続きはありません。我々は、非自発的な治療を極力避けます。また非自発的な治療があったとしても、それはセンターで行います。

誰もが気軽に立ち寄れて、職員は素早く対応して判断して、初期のサインに対応できるようにセンターの敷居は低くて、そこには本人が落ち着けるような休息部屋があって……といったことがセンターの必要条件です。特に、リアルタイムの素早い介入こそが、相談してきた人、例えば家族や社会ネットワークに、安心感を与えます。

継続するケアこそが危機を防ぎます。継続ケアは、たとえ危機状態が起きたとしても、事態を最小限に抑えることができます。今後の危機の予測も可能になります。

以上が、トリエステのクライシス対応です。アリガトウ。

第6章

バザーリアとの
7年間の二人三脚

ミケーレ・ザネッティ
（元トリエステ県代表）

ミケーレ・ザネッティ（2012年、旧サン・ジョヴァンニ病院で）

映画『むかしＭａｔｔｏの町があった』の第二部冒頭で若い県代表（県知事）ミケーレ・ザネッティが登場する。だが、あまりに若すぎるから、この人物がトリエステ精神保健革命の影の主役とは誰も思わない。しかし実は、「ザネッティなくしてトリエステ改革なし」とまで言われる政治家なのだ。

（聞き手は、大熊が引率したトリエステ訪問団、二〇一二年六月十日）

「危険人物だから注意したほうがいいよ」

――一九七一年、ザネッティ県知事（正確には県代表）は、どういう心づもりでバザーリアをトリエステに招いたのでしょうか？

当時、私は三〇歳です。六八年の学生運動の世代の一つ前の世代です。県代表に選出された私を支持してくれた政治勢力は多様な勢力の寄せ集めでした。私の所属はキリスト教民主党です。社会党は二つに割れていました。そして共和党。それに、言語的に少数民族だったスロヴェニア人の政党も入っていました。多数派と言っても、わずか一票差の多数でした。

当時の精神保健の社会資源は、県立サン・ジョヴァンニ精神病院一つです。県予算の保健医療コストの五〇％を精神病院が占めており、精神保健政策は財政上も大変重要でした。

前の院長が年金退職したので、新たに院長ポストを公募することになりました。当時の県与党は精神病院を人間的に改善するべきだという点で一致していました。私は医師ではありませんが、精神保健問題を理解するために、数カ月、サン・ジョヴァンニ病院に通いました。

もちろん副院長も院長候補でしたが、私は、新たな改革に向けて共に努力してくれる精神科医を求めてイタリア中を歩きました。院長ポストは公募制ですから、とにかく応募してくれる人を探したのです。

トリエステはイタリアの端に位置しています。当時、バザーリアとは直接の面識がありませんでした。でも、彼が院長を務めていたゴリツィア県立病院はトリエステのすぐ近所ですから、彼のやっていることはよく知っていました。

私はバザーリアがいい、と思ったのですが、周囲は「バザーリアは危ないよ」「危険人物だから注意したほうがいいよ」と私に忠告しました。

最初は、ヴェネツィアのレストランで、バザーリア夫妻と会ったのですが、私には、ぜんぜん危険な人物には見えませんでした。

私はキリスト教民主党員ですから、カトリック信者です。政治信条はバザーリアと同じではありません。ですが、精神保健改革をするとなれば、できる限り広い範囲の人々と協力することが必要不可欠です。この信条は今でも変わっていません。

合計で一〇人ほどの応募があったのですが、その中で、バザーリアだけが、学術的にも実践的にも優れているのは明らかでした。精神科の学会の代表者やヴィチェンツァの精神病院長も応募してくれましたが、バザーリアは図抜けていました。

当時の彼は、アメリカでの一年間のサバティカル（研究休暇）を終えて帰って来たばかりで、エミリア・ロマーニャ州パルマ県立コロルノ精神病院の院長をやっていました。

パルマは左派政権の街。トリエステでは共産党は野党ですが、パルマは共産党と社会党が連合して政権を動かしていました。左翼のパルマで経験を積んでいた彼は、トリエステでできるかどうか、多少考えたようですが引き受けてくれました（註：パルマでは患者を院外に出す方針に左翼系職員労組の同意が得られなかったと言われている）。

バザーリアが来ることによって、より人道的な支援が実現するだろうと確信しました。私たちの冒険はそこから始まったわけです。

県政権崩壊寸前のマニコミオ閉鎖宣言

七年間、彼と共に精神保健改革に取り組みました。県の政治は五年ごとに選挙の洗礼を受けます。私は県代表として再選（註：一九七五年）はされたのですが、与党連合側が少数派になってしまったので、基盤が不安定でした。再選後の二年間は議会運営が非常に難しくなりました。

私は、不信任投票される前に辞任しようと考えていました。しかし、私がいなくなればバザーリアの精神病院廃止の目論見が頓挫する恐れは十分にあった。実際、再選後二年たって辞任したわけですが、その辞任の前にバザーリアと二人で、記者を集めて「精神病院を閉鎖する」と宣言し、それから辞めることに決めました（註：一九七七年一月に宣言、本当の閉鎖は一九八〇年）。

この閉鎖宣言は、歴史的に見て極めて重要なことだった、と今でも思っています。

精神保健改革の普通のアイデアは、精神病院を開放して、環境を人間的なものにする、ということでした。ですが、官僚制に則った改革というものは、非常に時間がかかる。抜本的なことをしないと事態は変わらない、ということはわかっていた。そこで、事態を大きく変えるには「即閉鎖」しかないという結論になりました。

イタリアには九〇ほどの県があるのですが、私は当時、県連合会保健部会のトップでした。国内外の精神病院を見学しました。「精神病院閉鎖」というテーマを議論するために海外にも出かけました。フランス、オーストリア、イギリス……。もちろん、外国やＷＨＯからも様々な専門家を招いて議論しました。

この状況下で、一八〇号法がつくられていく基盤ができてゆくのです。保健医療の面だけでなく、経済的な問題、新たな運営をした場合のコストや社会福祉の問題、そしてもちろん、精神医療の質の問題も話し合いました。

一つだけ日本の皆さんに、特にお話ししておきたいことがあります。

日本の精神保健の問題点も、ある程度、伺っています。入院期間が長くて、膨大なコストがかかっている、ということも。皆さんはすでに始めておられるかもしれませんが、トリエステで始まり、WHOが世界に広めた精神保健の仕組みは、「行政の決定権をもっている人が議論に参加することが大事」ということを教えています。政治家を巻き込むことが非常に大切なのです。

私がいなければ、バザーリアの改革は始まらなかった、かもしれない。もし私が彼と一緒に働かなかったら、彼は「偉大な理論家」で終わったことでしょう。フーコーやレインやクーパー等と比較してみましょう。バザーリアは「ただ言っただけ」ではなくて、それを実践した。その違いが、バザーリアの偉大なところなのです。

――日本には限られたバザーリア像しか伝わってきません。バザーリアの人間臭い一面を聞かせて下さい。

私はバザーリアの伝記（鈴木鉄忠訳で、岩波書店より二〇一六年九月二十二日刊行）も書いています。彼は非常に機知に富んだ人物でした。気性の激しい面がありました。非人間的な扱い、不正な扱いを前にすると、自らを抑えられない面もありました。また弁証法的な対話を駆使して人を説得する能力がありました。自分の情熱を人に伝えることが非常に巧みな人でした。

一緒にロンドンやパリにも出かけました。フランコはヴェネツィア方言しか話せない人で、フランス語は下手くそでした。当時、フランコのためにパリで大きな集会が用意されていて、フランス人がたくさん待っていました。彼はフランス語がほとんどできませんでした。でも、彼の言っていることは理解された。彼は自分の熱意を伝えられる男でした。彼は自分の思想や考えを伝える能力に大変優れていた。でも、ヴェネツィア方言でしたよ（笑）。

彼の著書 *L'istituzione negate*（『否定された収容施設』）は当時のパリでもよく知られた本でした。六八年世代の精神保健の一つのマニフェストでもありました。当時の青年たちは「より自由な社会」を求めて活動しました。古い体制や図式からの解放、特に精神病者の解放が求められました。当時のヨーロッパ全体の大きな動きの中で、精神病者の解放は一つの目標のシンボルとなっていました。

——バザーリアは、当時の荒れ狂っている若者たちのエネルギーを使って改革を進めた、と聞きました。政治家ザネッティは、その過激な行動を容認したのですか。

一つの物事が成功するのは、偶然的な要素による部分もある。トリエステのサン・ジョヴァンニ病院には、偶然ですが、医師が一二人ほど不足していた。だがバザーリアは公募するつもりはなかった。公募したら、古い精神科医が応募してきますから。

怒れる若者を専門家に育てた奨学金制度

そこで彼は、一二人分の精神科医の給与の財源を、若者たちの奨学金に替えてくれと言いまし

若き県代表ザネッティとバザーリア（Ⓒ Claudio Erné）

た。医者にはなったけれど、まだ精神科医としての訓練を受けていない若者への奨学金です。ロテッリやデッラックアなどバザーリアの改革を引き継いだ医師たちも、トリエステにやってきたあとで、専門家としての訓練を積みました。その奨学金の期間が終わった後、正規の医師として雇われました。

精神科医だけでなく、福祉や心理の専門家のための奨学金も用意しました。実質的には、働きながら学ぶ、という意味で、大学的な役割を精神病院が果たしていました。非常にいきいきとした活動が行われていました。

――荒れる若者を使うことについて、県代表として懸念はなかったのでしょうか。

バザーリアが責任をもつと言ってくれました。私が信用していたのはバザーリアです。彼のことを信用して、彼が「やるべきだ」と言ったので、私は若者たちを受け入れた。研修期間が終わった若者を採用するかどうかは、バザーリアが決めました。

——県代表として、そこまで現場に権限を渡せたことがすごいと思います。

古い精神保健法では、精神病院の院長が、精神病院内における全権を握っていました。患者の処遇から病院経営、財政まで、全て任されていました。唯一外部の権力が及ぶのは、司法権でした。患者の退院を許可するかどうかは、司法が握っていました。入院のときも同様です。社会との出入りに関しては、司法権が介入したのです（註：一九六八年のマリオッティ法で初めて自由入院が認められたが、それ以前はすべて強制入院）。

当時のトリエステの精神病院は一二〇〇人を収容していました。オーストリア帝国が支配していた時代、つまり百年前にできた病院でした。開設当時は五百人収容で、世界で最も美しい精神病院、と言われました。菜園や木工をする施設もあり、医学的に実証的な医療を目指しました。重度の障害者は奥に、そしてだんだん軽度になっていくと病棟を替えて、地域に近い病棟に戻っていく、そういう構造でした。一番奥には、教会を配置していました。建設時には、今の貨幣価値に換算すると八〇億ユーロも投入されました。

閉鎖以外に道はなかった

ただ現在は、「美しい場所」に戻ってきていますよ（笑）。バラ園だけでなく、大学や幼稚園、あるいは老人施設や精神保健局もあります。精神科の看板はなくて、保健局管轄の様々な施設として使われています。

――最初は病棟改革が目的とされていたのに、それが病院閉鎖に変わっていった経緯を教えてください。

バザーリアが改革に乗り出した当初、つまり病棟を閉鎖する前は、病棟改革として、それまで症状別に分けられていた病棟を、出身地域ごとの地区別入院病棟に分けました。

でも、やがて、閉鎖しないといけない、それ以外の方法はない、と思い始めました。つまり、行政的なスピードでは、人間的な処遇に到達するにはあまりにも時間がかかることに気づいた。たとえ理想的な環境であろうとも、そこに一二〇〇人も置いておくこと自体が人間的ではない、と気がついた。行政官を徐々に説得して一歩一歩、ではとても進まない。まず閉めることから始めなければならない、と、バザーリア自身が考えたのです。

もちろん、一日で決まったことではありませんよ。ゴリツィアでは県や住民の協力がなく、病院の中だけを良くしようとして、結局はつぶされました。もちろんトリエステの市民の反応が違ったこともありますが、バザーリアも体験の中で「精神病院は徐々に変えられるものではない」と気づいたのです。

――ザネッティさんが県代表を辞めた後も改革は続いたのですね。

もちろん辞めるに当たっては、道筋をつけました（笑）。一八〇号法が出てから二〇以上の修正案が出てきました。それは全部、精神病院を元に戻せ、という案でした。

コストの面で見ますと、一人あたり一日、市内の居住施設で暮らしていたほうがはるかに安い、ということが、計算でわかりました。全員みんなホテルで過ごさせたほうが安いとわかったのですよ。ホテルで暮らすのは問題だ、と言われそうですが、精神病院よりホテルにいたほうが、はるかに快復につながると思いますよ（笑）。とにかく、新しい形での精神保健（精神病院を使わない地域精神保健サービス）にすれば、コストも非常に安くなることは明らかでした。

昔と今で、職員の総数は、ほとんど変わっていません（註：実際はデッラック局長時代に大幅にシェイプアップした）。しかし、医師の数が減り、他の職員の数が増えました。ただし医師の権力は、昔も今も強い。一つの地域の市民の健康は、様々な要素から成り立っています。道路の安全、食品の安全、労働現場の安全、教育の安全、もちろん、医学的な安全も……。健康を増進するためには、様々な側面での支援が必要です。それなのに、医師が全権を握っているのはおかしい。しかも、医師はその権力を放棄しようとはしません。権力を手放さない。

バザーリアは、医師たちが、自分たちの権力の一部を放棄するよう説得するのに成功したのです。

ＷＨＯは精神医療に医療全体の一〇％を投入しなければいけない、と言っています。でも、トリエステでは現在五％にも達していません。それでもイタリアの中では、トリエステは特異な良い状況かもしれませんが。

一八〇号法は強制医療も定めています。現憲法下では、伝染病患者と精神病者への強制入院が認められています。ただし、それはアメリカやヨーロッパ、日本とは違って、はるかにミニマムなものです。地域での治療が広まることによって、強制医療は減ります。危機的な状態に至る前に、予防的に介入することによって強制医療が減り、コストも同時に減るのです。

——病院閉鎖に関して、政治家としてご自身への支持層が減ることを危惧しなかったのでしょうか。

再選時は非常にいい得票率でした。もちろん、反対派はいました。バザーリアも私も何度も裁判に引っ張り出されましたし、新聞でも批判されていました（註：作業療法をやめて院内清掃作業を正規労働にしたときは、入院者は労働者たり得ないと司法から異議が出たが、裁判で勝った。映画では、避妊目的で女性患者にホルモン剤を投与して訴えられる場面もある）。自分たちの選択は間違ってはいない、と思いながら、闘い続けました。なので、再選時にはそれが評価された、と思いました。

——精神科医ではない県代表が、そこまで改革に情熱を傾けたのが素晴らしいです。

私は県代表として精神病院を経営する側になる前は、精神病院を一度も見たことはありません。自分の仕事として、保健医療予算の半分を使う精神病院をどう経営するか、という問題に突き当たったとき初めて、調べ始めたのです。当時の病院は市民に開放されていません。なので、県代表となって初めて病院を訪問しました。

「精神病院は再建しないでください」

当時の私の主な関心は、コスト削減ではなくて、まず人間的な環境にしたい、ということでした。視察に入ったとき、二階は見せてもらえませんでした。ひどい臭いがする病棟なので、時間もないから上には行かなくてもいい、と言われました。でも、一人で上に行くと、ひどい惨状を目にしました。二日間、ご飯が食べられませんでした。イタリアでも一番良く運営されている、と言われた精神病院でもそうだったのです。

他のヨーロッパ諸国の精神病院も見ました。入ってみれば、こういう施設は廃止しなければいけない、というのは誰でもわかります。ゼロにしない限り新しい精神保健はできない、というのは誰でもわかります。

九〇年代のユーゴスラヴィア紛争で、サラエボの精神病院が爆撃され、たくさんの死者が出ました。医師、看護師、患者が亡くなりました。戦後、責任者がトリエステにやってきました。「戦争が大変でしたね」と話をしましたが、「病院がなくなって幸運です」と言っていましたよ。だから私も「大きな病院を再建しないように」と助言しました。

――あなたは県代表だから精神病院の中を見ることができたのですが、他の人は中の様子を知らなかったのでしょうね。

オーストリア・ハンガリー帝国時代には、病院の門は開かれていました。サン・ジョヴァンニ病院の中に劇場があるのですが、私の父や母は、患者たちがやっていたマリオネットを見に行ったようです。

病棟内のもともとの窓は、割ることのできないほど厚いガラスですが、鉄格子はありませんでした。でも、地域の人は、病院内でどんな処遇が行われていたか、噂で知っていました。

――以前の県代表は改革をしなかったのに、なぜあなたはやられたのですか。

精神医療の改革は、司法や政治の改革だけではできません。人々のメンタリティを変えなければならないものです。人々の頭の中の文化に追随するのが政治です。トリエステでは、バザーリアが先行していました。国は、一八〇号法が先行しました。そして、社会のメンタリティが後から変わっていったと言えます。

加えて、トリエステは国境の町、海の町です。なので、もともと異なる市民に対する寛容さもありました。ただ、常にそうだったわけではありませんよ。ファシズムの時代もありました。スロヴェニア人とイタリア人の対立もありました。でも中世から、いろいろな人種が集まり、交流する町ではあったのです。

――精神保健の変革に一番必要なものは、何だと思いますか。

イタリアでも、大学の医局の多くがトリエステ型改革に賛成しているわけではありません。精神保健の教科書を読むと、今でも精神病院の存在を前提としたものになっています。バザーリアが否定した「病人の症状による分類」を今でもやっています。確かに「どういう形で治療を行うか」を考えるのは大切でしょう。でも、本に書かれている分類で患者に対応するのは、本当に、正しいのでしょうかね。

対話のない治療は暴力です

本に書かれた分類から治療を始めるのではなく、現場の、自分の目の前にいる患者自身と向き合うことから治療を始めるべきではないかと考えたのです。医師と患者のお互いの人間的な理解から出発しない限り、そんな治療は暴力でしかあり得ない。病院に閉じ込めるのも暴力。拘束も暴力。強制も暴力。対話のない治療は暴力です。

つまり抽象的な分類で、一つの形態の中に収めようというやり方は、患者個人の必要とするものや要求に必ずしも対応していないのです。学者たちが決めてきた抽象的な分類法で患者を区分けすること、それ自体がすでに一つの暴力なのですよ。

マニュアルで決められている以外の治療方法を考えてみましょう。

当時バザーリアと一緒に出席したのですが、サン・ジョヴァンニ病院で開かれたWHOとの会議でのことです。会議中に、ある統合失調症でかなり危機的状況にある患者が入ってきました。マニュアルを読めば、興奮を鎮静させる注射しかない、と書かれているような状態です。バザーリアは会議を中断して、その場で患者に三〇分から四〇分くらい話をさせました。そして、興奮がだいぶ収まってきたところで、「では、会議を再開させましょう」となりました。

つまり、どういうアプローチをとるか、の違いです。これが、バザーリアがWHOの見学者たちに実際に示した治療方法です。

――当時のトリエステの政治的状況をもっと教えてください。

イタリアの県議会は、比例代表制です。私のいた当時、三〇％くらいをキリスト教民主党が獲得していました。今は法律が変わりましたが。私が当選する前のキリスト教民主党は、議会の多数派を占めていなかった。で、できないだろうがとにかくやらせてみよう、と若手の私に県代表が回ってきて、実際にできてしまった。

――再選時、精神保健政策が選挙民の投票行動に影響を与えたのでしょうか？

全国的にキリスト教民主党が得票率を減らしたときも、トリエステは獲得率を伸ばした地域です。イタリアの選挙は、どういう具体的な政策か、ではなく、どのような考え方をもっている政党か、で投票します。当時、投票率は八割くらいありました。

――バザーリアの人間像をもっと話してください。

彼が書いていること、話していることそのものに、納得することができました。もちろん、私は勉強しました。行政官として当然の勉強です。でなければ、その現場の人と話をすることはできません。私自身、彼から大きな影響を受けました。友人としても。

もちろん彼と私は、人格的傾向が大きく違います。七五年の選挙のとき、公開の場でバザーリアが「僕は共産党に投票する」と言ったので、私はショックを受けました。彼が投票するのは自由だけど、公の場で言わないでほしかった（笑）。でも、選挙はキリスト教民主党が勝ちましたけどね。

バザーリアはあらゆるものに興味をもつ人物でした。ゴリツィア時代は、病院内でわが子と一緒に住んでいまいた。でも、トリエステ時代、子どもたちは母親とヴェネツィアに住んでいて、彼は一人でした。国際会議にもしょっちゅう行っていましたが、よく僕とは食事をしました。パルマ時代、サバティカルでアメリカに一年住んでいたとき、バザーリアの子どもたちがバービー（世界中ではやった精巧な着せ替え人形）で遊んでいたら、彼はその人形のことが大変気になって、バービーについてパルマに戻って論文を書いていましたね。子どもたちにどうやって遊ぶのか聞いて、論文を書いた。つまり、あらゆることに興味をもつ人物でした。

バザーリアが担当した唯一の患者

また、妻フランカの役割も重要です。ほとんどの本は夫妻二人で書いています。彼よりも、実は彼女の部分が多かったのかもしれません。彼はアイデアを出し、フランカが書いた。

フランカ（二〇〇五年没）が亡くなる直前、私が書いたバザーリアの伝記を彼女に見せたら、「これほど笑った本はない。自分たちの思い出がいきいきとよみがえるようで、本当に笑っちゃったわよ」と言ってくれました。

トリエステに、バザーリアが彼一人で治療した患者がいます。当時、改革に反対の医者も多かった。その中で、反対派の医師たちに、一番治療が難しい患者は誰だと彼は聞きました。それは、ベッドに縛り付けられた患者でした。ベッドのネジを外して、それを飲み込んでしまうような人でした。バザーリアがその患者の担当となり、その後その患者は退院して、患者会が運営するバールの責任者になりました。バザーリアが治療したのはその一人が最初で最後。あとは個人を診ることはせず、病院全体の運営をみるようになりました。

夜勤明けの医師・看護師から状況を報告させました。当時は彼自身、ほとんど病院で寝泊まりしていました。そして、状況を把握して、それぞれの患者について、どういうプログラムを作るか話を聞きながら決めていく。このプロセスを毎朝していました。

そして、全ての患者が参加できるアッセンブレア（患者集会）、つまり職員と患者が参加する会議では、患者自身が主役となって話をします。みな自分自身の体験をその場で話します。全ての主役がその会議に揃う。患者、医師、行政担当者が揃う。自分たちの思いを自由に発言できるような会議、それがアッセンブレアでした。テーマはその時々でいろいろです。食事のこと、仕事のこと、余暇のこと……。

日本でも起きていることかもしれないですが、作業療法で、タバコかごくわずかなお金を対価に仕事をさせていました。一九七二年か七三年ころ、精神病院の中で就労のための社会協同組合が結成されました。権利として給与をもらう、その金額は少なかったかもしれないけれど、施しではなく権利としてもらうようになりました。州の法律がやがて国の法律を変え、ヨーロッパでもこのような協同組合が広まるようになってきました。

協同組合は、公証人の前に会員が集まって、僕はこういう仕事がしたい、と署名することが求められます。ですが、強制入院をさせられている人は市民権を失っているので、公証人の前で宣言することができない。じゃあ、どうするか？　県議会の中で、協同組合の憲章を作りました。患者が公証人のもとに出かけなくても、登録名簿を作ればいいように、州の法律も改正しました。行政的に様々な工夫がなされ、それが重なって改革につながっていきました。

——一九七〇年代の改革の熱気について、もっと知りたいのですが。

ヨーロッパの中における六八年の若者の運動で、自分たちの手で何かを変えよう、という状況が生まれました。それが六八年の大きなうねりでした。確かに変えられた部分もあります。女性の社会参加や解放がそうです。性的にも自由な人間関係が構成されました。

ですが、体制を変えよう、という気概はあったのですが、全体的に見れば失敗でした。例外は、トリエステの精神保健改革です。社会改革を求めた六八年世代の若者たちが、ヨーロッパで唯一、自分たちの思想を現実のものにできた、それがトリエステです。他では実現できませんでした。

ヨーロッパでたった一つの成功例

六八年当時活動した青年たちの多くは、その後、自らの職を得るために自らを売るか妥協するか、しかなかった。そして一部はテロリストになった。七〇年代に極めて残忍なテロリストになって、最後には首相まで殺してしまった（註：映画の最後のほうでニュースとして出てくるモロ首相殺害事件）。

バザーリアがやっていたときは、本当に沸き立つような雰囲気でした。改革に賛成の若者だけがトリエステに集まったのではありません。反対や疑問をもっている若者も、あるいはファシストの若者さえも、ここに来て、イベントに参加して交流していました。ある種、ルッボのような形で、そこで一つの考え方が生まれ、方向性が生まれました。

その時代、医学生たちが全国からトリエステにやってきました。医学部の教授たちは「行くな」「バザーリアに影響されるな」「バザーリア化するな」と言いました(笑)。

――地域住民は、病院の開放化をどう受け止めたのでしょうか。

精神病院を開放することによって、当時、地域の住民に困惑があったのは事実です。患者が病院から自由に地域に出て行った後、出会う市民にお金を下さい、と言ってみたり。あるいはスーパーに行って、買い方を知らないから、そのまま持って帰ってみたり(笑)。

でも、ちょっとぐらいの異常な行動に対して、市民は、非常に寛容でした。そうやって患者と一緒に暮らすことの価値や意義が、市民の中に浸透していきました。というのも、こうして開放された病院を見るために、非常にたくさんの外国人がトリエステを訪れるようになりました。トリエステの市民にとっては、国際的にもこれほど評価されたものだ、というのは、自分たちにとっても誇りになるような、そんな空気ができました。

こんな話もあります。バザーリアがいた当時、イタリア人ジャーナリストがトリエステを訪れたときのことです。タクシーに乗って「サン・ジョヴァンニ病院まで」と言うと、タクシーの運転手が、今すごい大改革をやっているんだ、と誇らしげに話をします。で、よく聞いてみると、患者は自由に街の中に繰り出していく。でも、帰りはしんどいから、みんなタクシーに乗って帰ってくる。運転手が「お金は?」と言うと、「ない」と答える。そこでバザーリアが「しょうがないなぁ」とタクシー代を出した。あるときバザーリアは、もうこれ以上はできないと言い出して、「これからタクシー代は払わないからね」とタクシーの運転手に告げたそうです(笑)。そんな、明るい雰囲気でした。

第7章

対談 映画『むかしMattoの町があった』の見どころ

大熊一夫 × 伊藤順一郎

伊藤順一郎
（180人のMattoの会副代表、精神科医）

大熊一夫
（180人のMattoの会代表、ジャーナリスト）

「バザーリア映画を自主上映する一八〇人のＭａｔｔｏの会」はイタリア精神保健改革を描いた映画*C'era una volta la città dei matti*（『むかしＭａｔｔｏの町があった』）の上映運動を、イタリア国営放送（ＲＡＩ）から許可された。「Ｍａｔｔｏの町」とは精神病院のこと。映画は、一九六一年にバザーリアがゴリツィア県立精神病院長に赴任するところで始まり、一九七八年の精神病院廃止法（一八〇号法、別名「バザーリア法」）の成立の二年後で終わる。

「Ｍａｔｔｏの会」代表のジャーナリスト・大熊一夫と副代表の精神科医・伊藤順一郎が、映画の見どころを語った。

戦争のトラウマがドラマの土台

大熊　バザーリアや彼の仲間たちが語るIstituzione、つまり施設とは、ずばりマニコミオ（精神病院）のことです。そこは、自由剝奪とか、管理とか、支配とか、隷属とか、抑圧とかがルツボで溶かされたような場所。それが治療の場にふさわしくないということを、故バザーリアに代わってイタリア国営テレビが、お茶の間の国民に示した。実に二一％以上もの高視聴率でした。この三時間の大作は、イタリアという国が精神病院をどう乗り越えたのかを、初めて、平易な語り口で全国民に示した。大した表現力ですね。

伊藤　二十世紀後半から精神病をめぐる状況は大きく変わりました。一つは曲がりなりにも、治療とかリハビリテーションという概念が明確になったこと、そして、もう一つが、これがより大切ですが、回復にあたって医療のやれることは限られていて、生活を続け、学び、働き、人を愛し、その中で安心感や自尊心を取り戻す、そのための工夫が、何より意味があるということ、これです。成立の時点から社会防衛的な役割をもち、それを構造に取り込んできた精神病院は、この変化に対応しようがない。バザーリアが取り組んだのは、こういった歴史的必然に根ざした変革です。僕たちが、今、まさに直面している課題です。

大熊　俳優たちの熱演バトルがいい。一番感心したのは、バザーリア役を演じたファブリツィオ・ジフーニですね。バザーリアの、あの機関銃のような早口で迫るシーンも、ボリスやマルゲリータに優しく接するシーンも、演技としてたいへんな高レベルです。イタリア語のＤＶＤ付きの本*C'era una volta la città dei matti*（Alpha & Beta社）でジフーニはこう述べています。「バザーリアはイタリア二十世紀史上、最も偉大な人物の一人だ。僕はこの役と体当たりで格闘した。バザーリアは、オープンで、まじめで、自尊心が強い性格だった。顔は僕より幅広だし、体の肉付きも僕よりいい。体の動き方もちょっと僕とは違う。でも、彼の声と僕の声は波長が合った。その声から人物像が理解できた。彼の声は、彼の思想と結びついていた。目の動きに特徴があった。声と眼差し、これがバザーリアらしさを醸し出していた。特に眼差しは、人の話に耳を傾ける能力を示していることに、だんだん気がついた。バザーリアに関する書物、サルトル、フーコー、シュールレアリズム……などなど、時間をかけて読んだ。一カ月半の準備の後、マルコ監督に役づくりを披露した」。監督も俳優も、精神病院や精神病について何の知識もなかったでしょうに、猛勉強がしのばれます。立派ですね。

伊藤　マルゲリータ役のヴィットリア・プッチーニも、本の中で言ってますね。「私は、精神病について何も知らなかった。そこで私は、バザーリアの*L'istituzione negata*（『否定された収容施設』）や、デッラックアの“*Non ho l'arma che uccide il leone*”（「私はライオンを殺す武器を持たない」）を読んだ。監督が用意した大量のビデオや、精神保健センターの映画など、幾多もの資料を見た。その中の人物に、エネルギーにみちあふれて、非常に賢くて、感受性が強くて、しかし教師の手に余ったがために精神病院に入れられた何の病気もない子どもがいて、それがマルゲリータの役作りに役立った。しかし最も良い教師は、エキストラで参加した患者あるいは元患者だった。一人ひとりが皆、実体験の持ち主だった。その人たちと朝から晩まで親しく付き合って、多くのことを学んだ」。……彼女の俳優としての姿勢もいいですね。

大熊　伊藤さんがこの映画を初めてご覧になったのはいつですか。

伊藤　二年前のトリエステ訪問のときです。

大熊　僕は二〇一〇年二月に放送された直後、ローマの知人に言われてRAIのホームページで見た。冒頭の、ヴェネツィアのバザーリア宅の風景から、メッセージが込められていますね。自宅はヴェネツィアの大運河に面した昔のドージェ（総督）の館。そこで退廃的なパーティーが開かれている場面は貴族の血を引く人物であることを暗示する。のちに妻となるフランカに結婚を迫って窓から運河に飛び込む場面は、バザーリアの性格を表現している。禅の言葉にある「百尺竿頭一歩をすすめよ」。現状に安穏としていたら堕落するんで、とにかく前に歩を進めよという教えですが、彼の性格はあれです。現状に疑問を抱いて前進あるのみ。そして「恋愛は一種の精神病」というギリシャの賢人の言葉があって、次に、恋愛沙汰を起こした貧乏人が精神病院送りになるシーンへと移る。

伊藤　のちの妻になるフランカも、そのあとについて飛び降りるのもいいですね。一人が行動を起こすことによってそれに共感するパートナーも、行動を起こす。

大熊　あの飛び込む場面はフィクションですね。一九八六年、バザーリア家にフランカを訪ねましたが、最上階でしたよ。下には、ゴンドラの船着き場もあるし、本当に飛び降りたら死んでしまいます。

伊藤　そうなんですか（笑）。限られた時間で視聴者をひきつけるために、いろんな逸話がこの映画には入っていますね。一人の中にいろんな人物が凝縮されている。

大熊　患者役のボリスとマルゲリータという男女の主役。この二人に幾多もの患者像を投影している感じ。そうじゃなきゃドラマとしてまとまらない。

伊藤　あの二人がとても魅力的に描かれています。片方は理不尽な理由で病院に入院させられて、正当な反抗がどんどん拘束の対象になっていく。もう片方は戦争のトラウマを抱えていて、これまた、ベッドに縛り付けられている。第二次大戦の悲劇を背負ったところが二人に共通していますね。

大熊　映画を観て初めて知ったんですけど、ゴリツィア県立精神病院の塀が旧ユーゴスラヴィア（現在のスロヴェニア）との国境なんですね。トリエステもゴリツィアも、ユーゴからの難民がものすごく多い町。ボリスもユーゴ難民です。一方、マルゲリータは、お母さんがアメリカ進駐軍に凌辱されて、そのトラウマが全編の土台にもなっている。精神病院と貧困問題を強く結びつけている。

『むかしMattoの町があった』（Rai Fiction, 2010）より

伊藤　ストーリーの中で少しずつ、病の背景にある、人生の困難な出来事が、次から次へと顔を出す。それによって病の中で何に苦しんでいたのかとか、理不尽な扱いの背景に何があったのかがわかってくるんですね。

「人間の苦悩」にスポットをあてる

大熊　バザーリアが「僕も含めて、誰も精神病について何もわかっていないんだよ」って、最初のほうで言いますね。あの辺りは、伊藤さん、精神科医としてどう思われますか。僕は、精神病って何もわかっていないのにわかったように扱われる病気じゃないかと、昔から思い続けているのですけれど。

伊藤　そういうふうに素直に言える彼はすごい。わかっていないことをわかっていないと言える強さっていうか。今でも多くのことが仮説ですよね。精神病は脳の病である、ということ自体仮説だし、そこの生物学的背景についても多くが仮説ですよね。その仮説の上で僕らは仕事をしているのであって、これは明確な事実だとわかっているのは実はすごく少ない。

大熊 精神病の不可解さが、映画の筋書きをごたごたにしてますね。病気の正体もわかんないのに縛り付けられてしまうとこから始まるわけですから。「人間の苦悩」こそ、この三時間の映画の本当の大テーマ。バザーリアたちは「病気」を押し出さないで、努めて、苦悩する人々の「苦悩」と格闘する。

伊藤 苦悩する人として扱おうという背景に、今起きていることは病気の症状としてのみあるのか、それとも苦悩の表現としてもあるのか、どのようにあなたはとらえるのかという強い問いがあると思うんですね。「症状としてあることで、これはコントロール不能なのだから拘束をせざるを得ないんだ」と割り切っていいのかということについての問いですね。実際にはどんなに混乱しているように見えても、精神病を抱えている人々にも、こちらの言っていることは伝わっているわけでね、思い込みはいろいろあるだろうけど、チャンネルが合えば了解は可能ですね。そうするとね、拘束は治療のためにやむなしという言説の根拠は、ないことになる。理解する・されるという体験を経るとね、自分でコントロールできるようになっちゃうわけですから。彼は言っていますよね、程度の差こそあれ、我々の中に内在しているものが彼らの中にもあるにすぎないのだって。

大熊 バザーリアは大学時代に反ファシスト運動をやってヴェネツィアの刑務所に半年間ぶち込

まれる。その体験は尾を引いて、あの映画でも「牢屋と精神病院は同じ構造だ、違うのは僕が監守の立場に立ったことなんだ」と言いますね。とにかく収容所的構造を最初から徹底して疑った。あの姿勢に惹かれます。

主人と召使の関係では治療にならない

伊藤　歴史的にね、一般的に病院は比較的貧困な病人が食事と休息を得る場所として始まっていますよね。そうでなかったら、社会防衛のため。伝染病の病院なんかもそういう目的でしたよね。それが、二十世紀にはいって「治療をする場」としての装置を身につけてきた。薬物療法とか、いろいろな検査技術とかの進歩でね。けれど、精神医療ではこれが徹底的に遅れた。だから、精神病院は二十世紀後半になっても、患者さんを治すための装置としてつくられていないんですね。病院という名前で、外部社会に影響を及ぼさないように隔離収容する装置をつくってきた。バザーリアは、そこでラディカルに、病院というのであれば、患者さんが元気になることにつながることをやらないとおかしいっていうことを突き付けた。

大熊　収容所である限り治療にはならない、主人と召使の関係では治療はできないって言いきってる。伊藤さんは昔、精神病院に……。

伊藤　いましたよ。総合病院の精神科でしたが二五〇床ぐらいベッドがあるところで。当時から、長期入院が患者さんの利益にはつながらないという認識はあったので、新しく入院してきた人をいかにこの場所にとどめずにおくか、ということにはずいぶんエネルギーを使ってました。そのために患者さんの家族にもたくさん会ったり、ちょうどデイケアのでき始めで、それの活用の仕方を考えたりしてました。けれど、入院病棟自体を壊すってことは発想できなかったですね。バザーリアたちは自分たちも外に出て行ったでしょ。そして、生活協同組合とつながって仕事の支援をしたりとか、住居を一緒に探したりとか……。僕たちも、個人的な努力として患者さんのお宅を訪問するとか、ソーシャルワーカーの人と職探しをするとかはしていたけれど、病棟があるものだから、結局は僕たち医療者が壁の内側に戻っていっちゃう（笑）。

大熊　精神病院は収容所だっていう意識は、例えば総合病院の精神科のようなところにお勤めだったらあまりもたないものですか？

役に立っているかどうか怪しいことを延々と続けた

伊藤　いや、鉄の扉で仕切られた閉鎖病棟もありましたし、長年病院に住んでいるという人もいましたから、緩やかではあるが収容所性もあったと思います。そこで当時僕たちが目指していたのは、いかに入院期間を短縮化するかということ。あとね、いかに外来やデイケアで入院を回避できるような関わりを続けるかということ。けれど、長期に入院している人たちに、僕たちが何ができていたかっていうと、怪しい。僕たち自身が、地域社会の中を自分たちの現場と考えられていなかったからね。役に立っているかどうかわからないことを延々と続ける、そういう構造から自由ではなかったと思いますね。

『むかしMattoの町があった』（Rai Fiction, 2010）より

大熊　バザーリアも精神病院の中身をよくわからないまま院長になっちゃって、はじめはぐずぐず言ってますね。動物のように扱われてきた人の人間性の回復のためにはどうしたらいいんだ、なんて。これはウンベルト・ガリンベルティというバザーリアと付き合いのあった精神分析医ですが、バザーリアの言葉を新聞に書いてます。

「一五年間もベッドに縛り付けられてきたような人がいるけど、そんな人物がかつてどんな病気をもっていたかをどうやって知ることができるんだ、全てを失って自分の記憶のわずかな手がかりさえも消されてしまったような人が何に苦悩しているのかどうやったらわかるんだ」って。

またゴリツィアの病院にやってきたときも、「危機的な状況の彼らが冷たい水槽につけられたり、電気ショックをかけられたりするなんて、彼らの苦悩を思うと言葉もない」、と。ああいう場面を映画で見せられると、今はそんなこと

『むかしMattoの町があった』(Rai Fiction, 2010)より

ないよねって、日本の精神病院の職員の口から出そうな感じはするんですけど。

伊藤　ああいう派手な形ではないですよね、さすがにね。でも大量に薬物療法が入っての鎮静化はあるだろうし、精神科救急や急性期治療病棟での隔離拘束は、かえって増えている気もするし。でも、そこよりも、この映画のメッセージとして強烈に伝わってくるのは、人の苦悩をそのまま受けとめようというスタンスですね。でね、今の日本の入院精神医療一般を見ていると、それが症状の評価を的確にせよというスタンスにすり替わっちゃっているように思うんですよね。苦悩の理解ではなくて、「妄想がひどく、興奮状態がなかなかおさまらない」とか、「衝動性のコントロールが悪いので、拘束せざるをえない」とか、そういう表現でかたづけてしまいがちな気がする。そして、これまた忙しいとか、マンパワーが足りないとか、そういう理由から、人の自由を奪うことを自分たちに許容しているんじゃないかなと思うんですよね。苦悩を受けとめるというスタンスに立ったら、その苦悩を理解するために、相手の話を丁寧に聞かないとわからない。でも症状という枠組みとなると、「あぁ、妄想だな」とか「幻聴だな」という理解で、「どんな薬がいいだろう」という考え方になっちゃうから、あんまり話を聞かなくて、こちら側だけで考えてしまうんですよ。長年拘束されていたボリスが自分を取り戻す過程にあっては、バザーリアたちに支えられて、自分で自分を表現するチャンスを、たとえば絵を描くこととかを通じて獲得するわけですよね。そこから自分の言葉も少しずつ取り戻す。

しんどいけれど面白い仕事

大熊　患者の苦悩に深く関われば関わるほど、やるべきことがいっぱい出てくる。無限に。精神病院の中に放っておくのと違って、病院の外でサポートしようとしたら、人間関係の修復だの、働く場所を見つけるとか住む場所を見つけるとか、しんどい仕事だらけ。

伊藤　でもそれって、面白いじゃないですか。

大熊　働き甲斐という意味ではね。

伊藤　変化が起き始めるとほんとに素敵な変化が見えるんですよ。いつまでもスタッフが私があなたを治してあげるとか言って抱え込んでいるとしんどいだろうけど、一緒に考えていこうって言って、わかんないけどやってみようよ、何事も体験だからとか言って、チャレンジすることをサポートするっていうやり方になったら、けっこう楽しい（笑）。全く働けない人と思われていた人が仕事につけたりね、人との関わりを長年拒否したりしていた人に、ふと笑顔が見られるようになったりとかね。

大熊　精神病院で働いてたらわかりにくい面白さですね。精神病院の中にも、面白さが全くないことはないだろうけれど。映画で一人の象徴的なナースが登場しますね、ニーヴェス。彼女がはじめは収容所の番人だったのだが、だんだん変わっていく。あの成長が日本の精神医療で一番必要なのかもしれない。

伊藤　僕らも日本でACTをやっていますが、最初は多くが病院で働いていたスタッフですね。それで、見よう見まねで、訪問活動を始めるわけ。拒否されて落ち込んだり、怒鳴られてビビったりとか、もうこんなこと嫌だとか感じることも多々あるみたいなんですね。だけど、何のためにACTやってるんだっけって、今は混乱しているかもしれないけど、あの人、きっといろいろな力もっているよ、この人たちにも自分の人生を取り戻す権利ってあるよねぇ、彼らも自分たちの人生を何とかしたいって気持ちがあるんじゃないのとか、常にチームで話したりして言い続けていると、そのうち、〇〇さん、けっこう料理が上手なんだとか、昔のロックのレコードたくさん持っていたとか、喫茶店で働いていたことあるんだってとか、今まで知らなかった情報にスタッフが触れられるようになるんですね。そんなふうにスタッフが変わってきて、そして実際に患者さんが変化するのを見たときに、いい驚きが、言うに言われない喜びみたいなものが、チームとして共有できるようになってくるっていう、そういう実感がありますね。

大熊　トリエステでは、一八〇号法の前後に、精神病院で働いていた人が全員外に出たわけですけど、実際には四分の一くらいは脱落している。中にいるときは力で押さえつけるのが役割だったのに、表に出たら対等なお付き合いをするのが当たり前なわけですから、これは全く違う仕事。精神病院から表に出て働いてみましょう、しんどいけれどすごく面白いですよ、って、この映画は主張してますね。

伊藤　実際に患者さんの家に行ってね、生活を知ったりしたときに感じる驚きっていうかね、それを自分の中で大事にしたいねって思えるかどうかでずいぶん違いますよね。ビックリすることはいっぱいあるんです。ごみ屋敷だったりとか、畳が抜けてたりとかね、それでもね、病院で見ている患者さんと違った姿が見えるんですよね。お茶出してくれたりね、本棚には最近は読んでいないだろうけど、本がいっぱいあったりね（笑）。そういう彼らの姿を見ることに喜びを見出せると、ぐっと面白くなってくるんですよね。

バザーリアいわく「とにかく彼らの話を聞け」

大熊　映画でしつこく出てくるのがアッセンブレア。全員集会とでも訳すんですか。それで患者たちが成長していく。バザーリアも職員に言う。「とにかく彼らの話を聞け」って。

伊藤　「グループ療法ではないんだ」って言ってますよね。

大熊　守旧派ドクターのピント医師。彼に「精神病の人間は心がうつろなんだ」と言わせて。それをひっくり返すために、アッセンブレアが準備されているみたいだ。初めはとりとめのない要求が、やがて議事録を作れとなり、指導的な司会者が出てくる。

伊藤　すごいよね。

大熊　あれは実話です。病院をぶっ壊していくための一番大事な行事、そういう位置づけです。アッセンブレアはお金がかからない。日本の精神病院でもジャンジャンやってほしいですね。

伊藤　日本でやっているのはね、集団精神療法（笑）。同じような場面をつくったとしても、スタッフが待ってられないんじゃないかなぁ。答えを用意したくなったりとか、ちょっとそこから先は院長先生に聞いてみないとわかんないし……とか。

大熊　あれは、忍耐強く、年単位で成長を期待しないとダメでしょうね。

伊藤　言葉を開くっていう場ですよね、あの場は。収容所では言葉自体が禁じられるじゃないですか。反抗することも、意見を主張することも。だから何も言う気がなくなる。希望がなくなる。アッセンブレアはそれをもう一度取り戻すために空間と時間をつくったわけですよね。

大熊　心の内を自然に吐露できるようになるまで待つ……。

伊藤　あの先に壁を壊すイベントがあるわけですよね。もうここにいる必要がないっていう意見が出てくるじゃないですか。収容所を維持している側が、そこに向き合うのは怖いですよね。この病院はもはやいらないっていうことになるのだから。

大熊　思っていること何でも言ってくださいって言ったら、収容所は成立しなくなりますものね。

伊藤　ちゃんとは覚えてないんだけど、彼らの要求に対して、コントロールする側にバザーリアは立たない、君たちはどうしていきたいんだってことを問い返していたかな。普通だったら、院長としてはなかなかそんな態度は取れないですよね。

大熊　アッセンブレアがテレビに映って、それを家族の息子たちが見ていたんですよね「あ、お父さん」って。

伊藤　あれも、すごいですよね。

大熊　バザーリアはメディアに敵も多かったけど、味方もしっかりとつくっています。新聞記者がかなりアホに描かれてますね（笑）。彼は、新聞記事に痼癪を起こします。精神医療の歴史って、メディアとの戦いの歴史でもあるのですね。

伊藤　日本でも、野放しにするなキャンペーンとかいろいろありましたよね。

この三時間の大作が視聴率二一％以上とは驚きです

大熊　外泊した男性が妻を殺してしまった事件も描いてる。精神病の人を無味無臭無害な人間であるかのように描いたら映画は台無しになってしまう。かといって逆を強調すると、これは反作用も心配しなければいけない。まあ危なっかしい三時間でしたね（笑）。このドラマに、日ごろ精神保健に全く関心のない大勢のイタリア国民がひきつけられた。視聴率二一％以上ですからね。ドラマの出来映えが良かったのですね。

伊藤　イタリアの人々にとっては、今の自分たちの状況を振り返る、そういうドラマとしても大きな意味があったのでしょうね。あの事件も、結局は関係性の連なりの中で起きていますよね。関係の中では、互いに荒々しさが出てきたりとか、苦悩の表現の仕方が極端になっちゃう場合もある。だけどそこだけをとらえてしまうと早とちりになっちゃう。人は誰でも荒々しさの要素をもっていますしね。そこだけに焦点をあてて危険だとか断じるのではなく、そういう要素も含んだ中で関係をいかに続けていくかという、そういう意志の力が、希望を見出すんじゃないかというメッセージがあると思うんです。

大熊　バザーリアの言葉で、「狂気というのは一つの人間的な条件だ。我々の心の中には理性が存在するのと同じように、狂気も存在する。社会は理性と同様に狂気も受け入れなければならないのだ」、なかなか含蓄のある言葉だと思ったんです。まあみんなお互い、狂気を心に秘めているんだ、と思うと気が楽になりますね。もう一ついい言葉があります。「人間誰でも病気の部分と健康の部分があって、健康が五一％になるのが大事なんだ」って。

伊藤　なるほど。五一％。

大熊　人間は、皆狂気を心に秘めてる、という彼の立場が、あの映画の底に流れている。これを認めないと、あの映画を認めることにならない。

伊藤　そうだと思いますね。狂気をもっている人であってもつながりうるということの根拠は、そこなんだと思うんですよね。何％かはわかんないけど、狂気はみんなもっていると。そして狂気をもっていてもお互いに存在し得るし、関係をそこで構築していこうとする意志があれば、何とかなるんだと。

大熊　そうですね。コミュニケーションを絶たないことが肝心。その縁を切られたら精神病院行きになっちゃうのだから。

伊藤　あのね、精神病状態っていうことを考えますとね、それ自体が、かなり苦しいことみたいなんですよね。苦しいから、行動や表現が混乱する。で、薬物療法も含めて、治療とか支援というのは、その苦痛が減るようにって差し出されたりするわけだけど、大事なのはね、その延長に、周囲の人々とのつながりが回復するというような、そういう見込みをもてることじゃないかと思うんですね。治療の薬を飲んでもらうことで、うるさい幻聴が和らいだということもあるけど、それがね、人とつながっていられる、安心していられる、そういうことにつながることで、苦しさはすーっと楽になる、そんなふうに思うんですね。治療とか支援ということは、そういうことが実感できるような環境をつくっていこうという営みじゃないかって。彼が目指したのってそういうことじゃないかって。

大熊　精神科医として共感できます？

伊藤　できますよ。今だったらもっとね、薬物療法とかリハビリテーション技術とかね、そういうツールはあのころよりも揃っているとは思うので、病をもっていても普通の市民として、いろんな関係を周囲の人々との間に生みだしていく、そのための努力ってもっとできるはずだって思うんですよね。だから、ますます隔離収容のための装置はいらないじゃないかって思っちゃう。

苦悩が人をマットにするのか……

大熊　そういう専門家がいっぱい出てこなきゃ（笑）。映画の最後の場面で、ボリスがバザーリアに言いますね。「先生、本当のことを言ってくれ。苦悩が人をマットにするのか、マットであることが苦悩を感じさせるのか」って。バザーリアは「僕もわかんないんだよ」と答えます。そんなもんなんですか。

伊藤　わかんないですよね。両方だとも思うし。それをわかったように装うほうが違うだろうって思いますけどね。精神科医がすべてのカードを握っているわけじゃないじゃないですか。だって、苦悩の中には貧困とか、孤独とか、医療じゃ解決しない部分もたくさんあるもの。カードを持ってないんだっていう、ある種の告白は誠実だなって思いますよね。とっても正直ですよね。

大熊　映画の中で、バザーリアのかっての上司であるパードバ大学教授が出てきますね。「君は精神病院をぶっ壊す気だなっ」て。ゴリツィア時代のバザーリアの一番の同志であるアゴスティーノ・ピレラという精神科医、映画には登場しませんけど、彼は二〇年前、僕にはっきり言いましたよ、「一番の元凶は大学だ」って。

伊藤　はっはっは。

大熊　「多くの教授は病人を観察していじくりまわすが、本人の人生を支えることには関心がない。重い人を往診しない。だから学生を教えることもできない。こんな連中が力をもっている大都市は改革が進まないんだ」って。

伊藤　そうですね。

大熊　日本の大学の精神科教育の中では、さっきから出ている「患者の苦悩」と対峙しろ、とは、ほとんど教えていないですよね。

伊藤　むしろね、医学というのは、逆に苦悩や苦痛を病気というものに変換して、その病気の解決をどうするかっていう方向で考えてきたんだと思うんですよね。そっちが医学の王道。例えば咳が苦しい、胸が苦しいとかいうときに、そういう体に生じてる苦痛を、原因や生理的な現象からなんらかの類型にあてはめ、疾病として扱って、で、それに薬物療法や、手術を行うことによって、苦悩というか苦痛を取り除いていくわけですよ。でね、大学にいると、精神医学も一般医学と同じモデルでやっていかなきゃならないみたいな感じになっちゃう。他科の教授たちと対等でありたい、同じような理論や方法でできるはずだって頑張るわけですよ。そうするとね、人の苦悩を、脳の血流量や糖代謝の問題じゃないかとか、遺伝子レベルで何かが起きてるんじゃないかとか、そういう仮説に置き換えていくわけ。そこで一生懸命やらないと論文にならないっていう、そういう世界になってるんだと思うんですよね。

大熊　確かにね。患者の苦悩と格闘しても学術論文になりにくそうですね。

伊藤　苦悩との葛藤は哲学者にでも任せておけ、それは医学が扱うことではないっていう話になるじゃないですか。現場の医療と医学では、そこが違うんだと思うんですよね。医療にとって医学の情報というのは、一つの手段にしかすぎないからね。看護とか心理とか、他のアプローチもあるわけだし、病気をもっていても働けるようになりたいという、そういう希望に寄り添うためには、病気の構造ばっかり見ていても役に立たないんですよね。

大熊　重い患者を精神病院を使わずに在宅で支えてくれる、そんな精神科医を育てるのは可能なのだろうか。

伊藤 大変ですけどね。イタリアはどうなってるんですかね。

大熊 ヴェローナ大学の精神科は、あの一八〇号法ができた一九七八年から、六万五千人のヴェローナ南という地区の地域精神保健を丸ごと引き受けていますよ。大学病院の裏に精神保健センターを造って。それがそのまんま教育機関としても機能している。これはイタリアの第一号です。二十一世紀になってからトリエステ大学も同様なことを始めたし、ナポリ大学やカリアリ大学も始めたという話です。

伊藤 なるほどね。あとね、本筋とは関係ないけれど、僕ね、映画を見てて面白いなあと思ったのは、例えば、バザーリアの息子がぐれてたりするじゃないですか。「バスケットやってるのに父ちゃん来てくれない」だとか（笑）。

大熊 そう。登場する職員の側も、一人ひとりの生活を見ると、破綻気味、ご本人も苦悩の真っただ中。バザーリアも、ニーヴェスという女性看護師も、みんな働き過ぎて、自分の家庭に目配りできていない。ニーヴェスなんか働き過ぎて、自分の子の養育権失っちゃうんだから。トリエステ精神保健改革は、あのカオス状態の中に住み込んで、寝食忘れて頑張った結果なんですね。

伊藤 なんかこう、きれいごとに終わってないっていう感じが良いですね。

大熊　さて、あんまり種明かしをしてはいけない。後は見てのお楽しみとしましょうね。

………………………………………………

（精神保健ミニコミ誌『クレリィエール』六一七号の対談に大幅添削しました。）

『むかしMattoの町があった』（Rai Fiction, 2010）より

映画のあらすじ

【第一部】主役は三人。イタリア精神保健改革の父、フランコ・バザーリア。アメリカ進駐軍に強姦された女性から生まれマルゲリータ。旧ユーゴでファシストに蹂躪されて家も肉親も失ったボリス。

一九六一年、ゴリツィア県立精神病院長に赴任したバザーリアは、小さな檻に閉じ込められていたマルゲリータに顔を近づけたとたん、唾を吐きかけられます。独房のベッドに一五年も縛り付けられているというボリスを回診すると、屈強な看護師たちがボリスの汚れた股間に、ホースで水を掛けています。バザーリアは、ゴリツィア病院の収容所臭さをなくすことに心血を注ぎます。

【第二部】一九七一年、バザーリアはトリエステ県代表から県立サン・ジョヴァンニ病院長になってほしいと口説かれ、「思い通りにやらせること」を条件に引き受けます。マルゲリータもボリスも、今度はサン・ジョヴァンニの入院者として登場します。やがて病院は、二四時間オープンの町なかの精神保健センターにほとんどの機能を移します。一九七八年、イタリア中の精神病院を廃止する一八〇号法が成立。マルゲリータもボリスも紆余曲折を経て人間として復権。しかしバザーリアは脳腫瘍で死の床につきます。

スタッフと配役

監督…………マルコ・トゥルコ
シナリオ……アレッサンドロ・セルモネタ、カーチャ・コージャ、マルコ・トゥルコ
脚本…………アレッサンドロ・セルモネタ、カーチャ・コージャ、エレーナ・ブカッチョ、マルコ・トゥルコ
撮影…………マルコ・オノラート
モンタージュ……マッシモ・クアッリア
音楽…………マウロ・パガーニ
セット………ワルテル・カプララ
衣装…………リア・フランチェスカ・モランディーニ
プロデューサー………クラウディア・モーリ
エクゼクティヴ・プロデューサー………トニーノ・ニエッドゥ
制作会社…………Rai Fiction, Ciao Ragazzi!

初放映 Rai Uno………第一巻　二〇一〇年二月七日夜（視聴率二一・二五％）
第二巻　二〇一〇年二月八日夜（視聴率二一・〇五％）

配役
フランコ・バザーリア………………ファブリツィオ・ジフーニ
マルゲリータ………………………ヴィットリア・プッチーニ
ニーヴェス…………………………ミケーラ・チェスコン
ボリス………………………………ブランコ・ジュディッチ
ランポ………………………………トーマス・トラバッキ
フルラン……………………………マウロ・ファーニン
チッカチッカ………………………フェデリコ・ボナコンツァ
フランカ・オンガロ・バザーリア……サンドラ・トッフォラッティ
ビアンキーナ………………………ヴァレリア・サベル
エルザ（マルゲリータの母）………ティツィアーナ・バガテッラ
ナヌート……………………………ヴィタリアーノ・トレヴィザン

日本語版字幕：京都ドーナッツクラブ（野村雅夫、有北雅彦、柴田幹太、門口ゆず）

あとがき

この文章を書こうとした二〇一六年七月二十六日、神奈川県相模原市の県立津久井やまゆり園でナチスの障害者安楽死計画まがいの凄惨な事件が起きました。容疑者の元職員は、何カ月も前から「障害者二七〇人を抹殺する」と衆議院議長に手紙を出したり、職場で殺人を公言したりしていました。これはこの時点で、明らかな脅迫です。刑法犯です。

にもかかわらず、この犯行の防止策として警察は、「措置入院」という公的強制入院制度の利用を企てました。つまり治安維持に精神病院を使ったのです。北里大学東病院も、そこの勤務医の精神科医もこの要望に応え、元職員を「自傷他害の恐れあり」と診断して精神病棟に幽閉。二週間後、「他人を傷つける恐れがなくなった」と考えて退院させました。

そして惨劇が起きて、措置入院制度の見直し論がもちあがりました。けれど、そもそも措置入院制度でこの種の凶行を防ぐことはできるのでしょうか。

精神科医に犯罪を予測させることが不可能なのは常識です。精神科医のみならず、警察官だろうが検察官だろうが裁判官だろうが、ある人物が、犯行に及ぶかどうかの予測なんてできません。もし本気で措置入院を使って犯罪を完全に防ぐつもりなら、一生涯精神病棟に幽閉して朽ち果てさせる、といった前近代的残酷手法しかありません。

しかも、報道によれば、殺人を予告したあの容疑者は精神疾患の兆候が極めて薄いというのですから、ここは、警察や検察の専科と考えるべきではないでしょうか。犯行場所も特定し、事細かに殺人の実行を予告したのだから、まずは脅迫罪などの刑法で対処するべきことではないでしょうか。

では、トリエステだったらどうするか、を考えてみました。

本書第一章（一一頁）に書いたとおり、一九七八年に制定されたイタリアの新しい精神保健法（一八〇号法）には、自傷他害の疑いで強制入院させる条項がないのです。日本の精神保健福祉法でうたわれる「精神科医に与えられたあの人権剝奪の強権」がありません。つまり精神科医が治安の責務から解放されているのが、一八〇号法の特徴の一つです。

バザーリアや本書に登場する愛弟子たちは「精神科医は警察の役目を捨ててこそ、患者と良い関係が築けるのだ」と主張し、怖い監獄型医療と縁を切って、精神保健に新しい道筋をつけた。これこそ二十一世紀の精神保健だと私は思います。

本書は、その改革を直に指揮したトリエステ精神保健局長三代のそろい踏み。こんな贅沢な本はイタリアにも存在しません。

三氏は、日本の精神病院閉じ込め主義を憂いていました。そして、「患者に優しい地域精神保健サービス」のバイブルとして活用したいという私の願いにほだされて、講演録を無償提供してくれました。この心意気に応えて本書をご活用いただけますれば、無上の幸せです。

本の付録の映画『むかしＭａｔｔｏの町があった』のＤＶＤについても、多くの皆様の多大なご支援を賜ることができました。

まずは、本書の出版に当たり格別なご尽力を頂いたイタリア国営放送ＲＡＩのRai Fiction、ルーカ・ミラーノ（Luca Milano）副部長に深甚の感謝をささげます。ＲＡＩと私たちの橋渡しをしてくださったペッペ・デッラックアさんとマリア＝グラツィア・ジャンニケッダさん、ローマ在住の友人・佐藤康夫さんには、御礼の言葉が思いつきません。

京都ドーナッツクラブ（旧・大阪ドーナッツクラブ）の皆さんは、超特急で日本語字幕を付けてくださいました。その神業に乾杯！　です。この優れたイタリア語使いの集団（大阪外大出身者たち）は、改革前期のゴリツィア県立精神病院時代のバザーリアを描いた映画『ふたつめの影』（シルバーノ・アゴスティ監督）の日本語字幕版を作成し、最近発売しました。私が心惹かれたのは、院長就任を受けるべきか迷ったバザーリアが、洗濯屋に化けてシーツを回収しながら阿鼻叫喚の院内をくまなく観察するシーンです。『むかしＭａｔｔｏの町があった』と合わせて鑑賞していただけましたら、イタリア精神保健への理解を一層深めていただけること必定です。

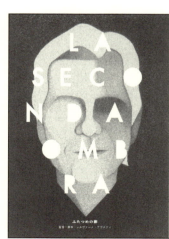

日本とイタリアの間にはトロイアの城塞のような言語の壁があります。本書は、佐藤康夫さん、一ノ瀬俊和さん、松嶋健さん、鈴木鉄忠さんらイタリア

語の達人の「巨大な木馬」なしには成立しませんでした。ありがとうございました。

私たちの上映運動は四年以上も続き、約一八〇カ所で約一万七千人が観てくださいました。そして運動は、本書のＤＶＤ付き本の出版で、第二期を迎えることになりました。第三期のサプライズ計画も浮上しています。これまでの皆様の熱いお心に深い謝辞を述べさせていただきますとともに、引き続きのご支援を、副代表の伊藤順一郎、事務局長の福井里江ともども、伏してお願いする次第です。

本書に登場する方々には、敬称が付いたりファーストネームや苗字の呼び捨てだったりと、私の表記はめちゃくちゃです。無作法なヤツだとお笑いください。

最後に、本書の編集の労をとってくださった現代書館の小林律子さんのプロの技に、心からの感謝をささげます。

おっと、超大事なことを忘れるところでした。トリエステ在住フォトジャーナリストのクラウディオ・エルネさんが七〇年代のトリエステの傑作写真をふんだんに提供してくださいました。それをカバーの表・裏に本文中に……と豪勢に使わせていただきました。Grazie mille.

八月末日、八ヶ岳山麓にて炎暑の下界を案じつつ

大熊一夫

大熊一夫（おおくま・かずお）
ジャーナリスト。東大（科学史科学哲学）卒。元朝日新聞記者、元大阪大学大学院教授（日本の国立大学初の福祉系講座の初代教授）。一九七〇年に都内の私立精神病院にアルコール依存症を装って入院、『ルポ・精神病棟』を朝日新聞に連載。鉄格子の内側の虐待を白日のもとに。『ルポ・精神病棟』（朝日新聞社）、『精神病院を捨てたイタリア　捨てない日本』（岩波書店）など著書多数。
二〇〇八年、フランカ&フランコ・バザーリア財団からバザーリア賞を授与。

精神病院《せいしんびょういん》はいらない！
——イタリア・バザーリア改革《かいかく》を達成《たっせい》させた
愛弟子《まなでし》3人の証言《しょうげん》
（映画『むかしMattoの町があった』DVD付）

二〇一六年九月三十日　第一版第一刷発行
二〇二四年十月二十日　第一版第四刷発行

編著者　大熊一夫
発行者　菊地泰博
発行所　株式会社現代書館
東京都千代田区飯田橋三―二―五
郵便番号　102-0072
電　話　03（3221）1321
FAX　03（3262）5906
振　替　00120-3-83725
組　版　プロ・アート
印刷所　平河工業社（本文）
東光印刷所（カバー）
製本所　鶴亀製本
装　幀　箕浦　卓

校正協力・渡邉潤子
 ISBN978-4-7684-3550-2
定価はカバーに表示してあります。乱丁・落丁本はおとりかえいたします。
http://www.gendaishokan.co.jp/

活字で利用できない方のための
テキストデータ請求券
『精神病院はいらない！』